你以為的應該，其實都大可不必

「しなくていいこと」を決めると、人生が一気にラクになる
精神科医が教える「生きづらさ」を減らすコツ

停止「再加把勁」，突破生存困境

本田秀夫 著　簡毓棻 譯

前言

你是否曾發生過這樣的事呢？

- 明明已經很小心了，工作上卻還是不斷犯錯。
- 明明不想出口的話，卻還是說溜嘴，然後老想著「別人可能以為我很壞」。
- 明明自己是對的，其他人卻不認同我。
- 就算放假也感到惶惶不安，完全無法休息。

不論再怎麼努力、如何絞盡腦汁想方設法，就是無法像其他人一樣過得順心。雖然明知道要「再加把勁」，但越是這麼想卻越是適得其反，實在太痛苦。

本書正是專為具有上述狀況的讀者而寫。

我是名在東京、橫濱、山梨、長野等地，執業長達三十年的精神科醫師。這麼多年來，我見過許多被「應該這麼做」所束縛、完全不知道自己想要什麼、無法輕鬆生活的人們。

另外，內心遭受「想要跟大家一樣卻做不到」的想法所困擾的人也不在少數。

「明明每個人的個性都不同，卻強迫自己要『跟大家一樣』，因為不能活得像自己而感到痛苦的人實在很多。我懷疑，我們平日不自覺地認為『非得要這麼做』的那些事，確實有其必要嗎？」

這正是我提筆撰寫本書的契機。

我年輕時也非常在意他人的眼光，不自覺會把「該做的事」優先擺在「想做的事」之前。然而，在我執業多年過後，想法開始轉變了，因為我知道，當人們隱藏了「真實的自己」，就會成為壓力來源。

因此，我開始思考，那些「該做的事」真的是必要的嗎？我同時整理了自己那些「真心想做的事」「真正該做的事」，並改變了作法。

譬如說，對於即使是沒什麼意願參加的聚會，我向來是來者不拒，但隨著每次我都表明自己不會喝酒後，邀約的次數竟然就大幅減少了。

而當我無法即時回覆電子郵件，只要在事前跟同事們說：「有時候一忙起來，回信就會延遲。」同事們就會積極地給予協助。

只要試著慢慢放掉那些「該做的事」，你就會發現，那些原以為會給他人帶來困擾的事，竟然出乎意料地完全沒有發生。

倒不如說，與其耗費力氣在那些「非得好好做的事」上，改變優先順序後反而讓事情發展得更順暢。

在我專精的精神醫學領域中，有個名為「發展障礙」的概念。

我將在第一章中詳細說明，簡單來說就是，有發展障礙的人不擅長處理人際關係，對常人而言很容易就能做到的事，有時他們耗費相當多努力也還是做不到，因此對於很多事，他們總是抱持著打退堂鼓的想法。

事實是，這樣的狀況並不是因為不夠努力，而是生來就如此。

具有這樣強烈特質的人，如果被迫太過於配合周遭的人事物，反而會處處碰壁、凡事不順，**倒不如善用他們的特質與他人往來互動更容易活得暢快**。

再者，那些因為發展障礙而感到生存不易的人們，大多不是由於天生特質導致的，反倒是**為了強迫自己配合他人而引起的「二度障礙」**，導致他們感到窒礙難行。所謂的「二度障礙」是指，因為生活環境所帶來的壓力而引起的第二次障礙。

一旦出現二度障礙，人就會變得「對任何事物都提不起勁」「逐漸找不到熱愛的事物」「逐漸缺乏自信」「注意力變得低落」「容易感到疲憊」等。

有時候甚至會出現老是擔心有壞事將要發生的情況，因而總是處於緊張狀態中。

為了防止二度障礙產生，旁人最好能夠依據當事者的天生特質細心因應，或是根據他本人的需求給予協助。

長年來，我與為數不少的那些因為煩惱於無法跟一般人往來互動的個案相處。

我發現，懷抱這些困擾的人們當中，有許多人容易傾向於這樣的想法：「我看大家都能做得這麼好，我也要跟他們一樣才行。」

如果奮起努力後獲得好的成果，那倒是沒問題，萬一努力這件事本身就為他們帶來痛苦，

有不少個案就會從試圖克服不擅長的努力上，轉而尋求「容易生存的方法」上。

而所謂的「**容易生存**」，**重點在於，要從「應該要做的事」中，找出「不做也沒關係的事」，讓自己從中找到自處之道。**

本書正是要跟各位介紹，我與感到生存困難的個案們互動後找出一套「不做也沒關係的事」的方法。

如果你已經了解自己的生存方式，在遭遇困境時，這套方法能幫助你不用獨自面對，能不勉強自己地尋找他人協助，我認為這是非常重要的。

要能對於「想做的事」感興趣，並且持續下功夫努力，以發揮自己最大限度的能力。同時也要能理解，對於「該做的事」要秉持「在能力所及的範圍內努力就好」的想法。

萬一遭遇自己不擅長的事物時，懂得尋求其他人的協助，與他人共同超越難關。如此一來，就能在與他人一起合作的過程中，逐漸放掉那些對於「不做也沒關係事物」的執著。

從此理解自己，不忽視自身的心情，就這麼直率地生活下去。

如果能做到上述的生活方式，我想，覺得活得很痛苦的狀況也會消失無蹤的。

請各位務必善用此書，找到你「不做也沒關係的事」，並重新思考你真正「想做的事」。

請放下肩上沉重的負擔，我誠心希望各位從明天開始都能過得更輕鬆一些。

本田秀夫（精神科醫師／醫學博士）

前言——3

第1章

生存困境從何而來

01 為什麼我總是感到窒礙難行——18
‧你是否太過於想要配合他人
‧人之所以會在意他人眼光的原因
‧你有沒有「適度的安心」「適度的評價」
‧就算被他人嫌棄，會有什麼損失嗎？
‧再更自我中心一點也沒關係

02 發展障礙有時也會讓人感到生存困難——26
‧即使沒有獲得醫生診斷，有天生特質的人不少
‧有時候，光靠自己的努力也無法克服
‧與其克服自己的不擅長之處，不如找出「容易生存的方法」

03 生存困難模式①太過於在意「微笑」——32
‧總是被說話很多的業務員A

● 每件事都想要從頭到尾說明一遍
● 把「不做也沒關係的事」當作是義務

04 生存困難模式②分不清優先順序——36
● 老是被指責「那不是現在該做的事吧」
● 事先跟其他人預告「我一旦開始焦慮，就容易犯錯」

05 生存困難模式③無法隨機應變——40
● 「我的工作方式該不會是錯誤的吧」
● 只要在被指責的當下自我反省就夠了

06 生存困難模式④說著「正確言論」，對方快要站不住腳時——44
● 「我才是對的！你錯了！」
● 對方也有自己的狀態
● 容易把注意力放在「事實與理論」上，而非在意對方的心情

07 生存困難模式⑤不自覺地想要符合他人的期待——48
● 就算是完美主義者，也有過不了的難關
● 事情尚未結束前，犯幾次錯都可以

08 生存困難模式⑥就算心裡不喜歡，也無法出口拒絕——51
● 不經意地就說ＯＫ

第2章

- 為了不被請託而轉換場所
- 試著挑戰「減少一件該做的事」

人際關係裡「不做也沒關係的事」

Point 把規則擺在協調性之前——56
- 如此一來就不會輕易受人影響
- 不要太在意他人評價。對於他人的評價充耳不聞也很重要

CASE 01 每次在社交場合中都無法順利表達想法——60
CASE 02 很難把意見說出口——63
CASE 03 不善於跟人打招呼——65
CASE 04 關係好的人很少——70
CASE 05 不擅長與人聚會①最怕喝酒時的人際交流——73
CASE 06 不擅長與人聚會②總是情緒高昂而失敗——78
CASE 07 總是太在意他人的臉色——81
CASE 08 臉盲而且記不得別人的名字——84

CASE 09 維持人際關係這件事本身就充滿壓力——87
CASE 10 感覺只有自己跟其他人不同，內心有疏離感——91

第3章 工作上「不做也沒關係的事」

Point 做不來的事，不要勉強自己——96
● 意外發現，很多事「不做也沒關係」
● 學會「自律技巧」與「社交技巧」
● 尋找可商量的對象是非常重要的
CASE 01 總是一不小心就犯錯——101
CASE 02 無法收拾——105
CASE 03 不擅長時間管理——108
CASE 04 總是把不擅長的事擺到最後才做——111
CASE 05 再怎麼忙都無法拒絕他人請求——114
COLUMN 工作做過頭不見得是壞事——118

第4章

CASE 06 工作做過頭，身體快要撐不下去——121

CASE 07 招來失敗——126

CASE 08 缺乏協調性——130

COLUMN 就算做白工也不在意的日本社會——134

CASE 09 老是惹怒他人，真令人難受——137

CASE 10 想要辭職卻沒辦法辭職——142

日常生活中「不做也沒關係的事」

Point 學會切換開關——148

- 就算私生活有點紊亂也沒關係
- 「想做的事」跟「應該做的事」之間的平衡
- 難以取得「工作與生活間平衡」的狀況
- 思考「樂趣與責任之間的平衡」
- 以「想做的事」為最優先

第5章

找出「不做也沒關係的事」，讓心情更輕盈

● 做不到的事直說「做不到」就好

CASE 01 生活節奏亂了譜──157

CASE 02 金錢觀念不佳──161

CASE 03 對於服裝沒有概念──165

CASE 04 容易感覺身體不舒服──169

CASE 05 有時候會太過敏感──173

01 持續做「試著做做看」「變得輕鬆」──178

● 我小時候曾試著放手做做看的那些事

● 試著意識到去調整「理想圖」與「目標」

● 有時候與家人或朋友商量後，就能找到解決方法

02 心情不開朗時，試著把重心擺在「心理健康」上──183

● 當睡眠或飲食不順暢，有可能是能量不足

● 身心健康門診請找精神科醫師或心理諮商師

03
感覺「生存困難」的原因有時候可能起因於精神疾病——187
● 一直覺得辛苦，請及早前往醫療診所就診

04
「敏感的人」與「生存困難」——191
● 具有發展障礙特質的人，有可能是過於敏感的人
● 如果發現自己「太過在意他人」，就找人聊聊

05
每個人的生存方式天差地別——194
● 該怎麼做才能不受他人評價影響，自在地生活
● 該怎麼做才能持續去做自己想做的事
● 活出只屬於你的人生

後記——199

第 1 章

生存困境從何而來

01

為什麼我總是感到窒礙難行

你是否太過於想要配合他人

「為什麼大家都過得好好的，只有我不一樣……」

不論是在人際關係或是工作上，一旦持續感覺到自己很糟時，就有可能發展出「活著真辛苦」等更負面的想法。

而感覺到活著真辛苦的人們之中，有些人多傾向於「想要體貼配合他人」「明明不須要花那麼多心力，卻自覺非得要做到不可」。

譬如說，某個人認為「我老是被主管盯，肯定是能力不足、溝通能力欠佳」。

然而，仔細觀察這個人的人際關係狀況，他不但能與友人關係良好，跟同事在工作上的溝通也很順暢。在這種情況下，有時候，**並不是這個人有溝通障礙問題，比較是單純地與主管不合的問題**。

當然，如果某人老是惹怒他人，或許他應該要特別注意自己與他人的互動方式，但多數情況下，人際關係不良，錯的不見得是本人。

譬如說，即使心裡想著「如果同事揪聚餐喝酒就一定要去，上班族不應該拒絕」，但實際上，有些邀約其實只是在湊人數而已。如果不喜歡下班後的聚餐，除非主角是自己的聚餐，大多數其他的聚餐就算不出席也不會有什麼負面影響（只要想去就去即可）。

又比如說，不擅長整理的人，只要不把東西堆放到侵犯到他人空間的程度，單純只是沒辦法收拾好自己的房間，這種狀況應該不會造成什麼問題才對。

又或者是，有人會自己獨自處理工作，結果卻趕不上截止期限，因而感到焦慮，此時要記得，有些工作不一定要獨力完成。

要記得，當你無法如期完成工作，或是需要有人協助，有時候，只要事先與主管商量，就能得到協助。

如同我之前所說，如果你感覺活著很辛苦，或許可以試試看，不要太在意他人，把注意力多放在自己身上，也就是更自我中心一些。

人之所以會在意他人眼光的原因

人一旦過度在意他人眼光，就會愈發無法自由地活動。

比方說，當我們想到某個發想，就會顧慮東顧慮西地想著：「我自己是這麼想，不知道說給對方聽的時候，對方會怎麼想」「該不會對方直接把我當傻子吧」。有時候，因為這樣，最一開始的發想便直接胎死腹中，無緣說給他人聽。

究竟人為什麼會在意「他人眼光」，在乎他人怎麼看待自己、如何評價自己的呢？

作為一名精神科醫師，尤其診治過許多孩子們，我發現到人類從幼兒期就會在意他人。

相較於上班族會在意主管的評價，孩子們也同樣會因為父母的讚美而開心、因為父母的指責而傷心。只不過，這不必然是壞事。

因為經由在意他人評價這件事，孩子就能學會社會化。

最一開始，幼兒會為了尋求安心而待在照護者身旁。因為對他們來說，總是有能照顧自己的人、值得信賴的人所在之處就等同於「安全基地」。

在心理學上，將經營這樣的關係稱作依附關係的形成。英文寫做attachment，指人際關係的基礎。

一旦形成完整的依附關係，孩子就會依據照護者所表現的反應來判斷自己的行動是安全還是危險的。

當孩子試圖碰觸某物，而照護者表現得泰然自若，孩子就會依此情況判斷為安全，能安心觸摸。一旦照護者表露出害怕的表情，並企圖阻止，孩子就會理解「這是危險的」而停止觸摸。

像這樣，觀察照護者表情的行為叫做社會參照（social referencing.）。

人類從幼兒期開始就會觀察自己的某個行為會引起身邊人們如何反應，從而形成行為。長期持續就會形成社會化。

你有沒有「適度的安心」「適度的評價」

孩子是在「適度的安心」與照護者的「適度的評價」中逐漸社會化，並得以建立人際關係。

只要有「安心」與「評價」，孩子就能雖在意他人眼光，卻不至於過度在意也不至於過度失去自信地好好成長。

另一方面，如果父母或是學校老師訂了

超高標準，老是提出無理的要求，或是相反地總是給予過高的評價時，孩子有時就會變得過度在意他人的眼光。

如此一來，孩子有時候就會變得總是惶惶不安於他人的評價而失去自信。

就算被他人嫌棄，會有什麼損失嗎？

實際上，總是不自覺在意他人的人，不妨試著重新思考自己與親近的人的關係。

譬如說，在採取某行為或是說出某意見時，會在意地想著：「他們會不會覺得我很爛？」此時可以試著想看看：「如果他們覺得我很爛，這樣我會有什麼損失？」

然後，試著把重點放在思考具體的損失上。

假設，我認為「A跟B覺得我很爛」，接著，具體想像他們會採取什麼樣的行動讓我覺得我很爛。實際確認一下，自己是否遭遇到那些我以為的具體狀況，諸如「對我出言不遜」「做出惹人厭的事」「做出陷害我的事」等。

當我們試著思考對方的反應，即使想得糟一些，實際上也不見得會發生，所以不須要太過擔心。

比方說，如果我是上班族，就會想：「**只是會被人家討厭而已，並不影響工作。**」那就沒關係。只要像這樣分辨清楚是否會阻礙到工作，如果確定不會，就不須要再放在心上。

雖然這個世界上有人工作能力很強，卻樹敵許多，但是那樣的人多半是抱著「工作就是工作」的心態在工作。如果要試著轉換成這種心態也未嘗不可。

再更自我中心一點也沒關係

看到這裡，如果你開始察覺到，自己確實是太過在意周遭他人，老是想著「非得這麼做不可」，就算是往前邁進了一大步。

接著，讓我們再試著從「自己不擅長的事」中，找出「不做似乎也不會怎麼樣」的事來。

當我們逐一減少不必要的事後，就能夠專注於自己真正想做的事情上，人生就能變得輕鬆起來。

即使明明知道「不必在意」，但是想要修正我們心靈的習性卻是難上加難，常常因為在意而更加放不下。既然如此，**只要事先想清楚「不須要在意也沒關係的事」**跟**「不做也沒關係的事」**就好。

我將在這本書中說明如何找出「不做也沒關係的事」的訣竅，並佐以實際事例來說明。

如果各位剛好看到自己覺得很符合自己狀態的部分，請參考該部分的解說，並試著思考出屬於自己的「不做也沒關係的事」。

而這或許剛好能成為各位減輕身心負擔的技巧。

02

發展障礙有時也會讓人感到生存困難

即使沒有獲得醫生診斷，有天生特質的人不少

在本書中，帶著各位思考「不做也沒關係的事」時，有幾處是以「發展障礙」為例來解說。我在前言曾經稍微提及，身為精神科醫師，我曾經跟包含發展障礙的諸多個案面談過。一說到發展障礙，大家可能覺得跟自己完全扯不上關係，然而，雖然或許狀況不至於到可稱為「障礙」，有發展障礙傾向的人可是比想像中要來得多。

在此，我先針對發展障礙做個簡單的說明。

發展障礙分別有自閉症類群障礙（Autistic Spectrum Disorder，ASD）、注意力缺乏過動症（ADHD）、學習障礙（LD）等。接著來看看這些發展障礙者的個別特質。

自閉症類群障礙（ASD）：主要特質是「在人際關係上不擅長隨機應變」，且固執。經常出現的行為有：無法掌握人際互動現場的氛圍、與人互動是單方的、喜歡的事物範圍很狹窄、固執於順序或是規則。

注意力不足過動症（ADHD）：主要特質是「注意力不佳」與「過動衝動」。經常出現的行為有：漫不經心地經常出錯、經常忘東忘西、容易分心、無法久坐、想到什麼就說什麼等。

學習障礙（LD）：主要特質有「不擅長讀寫算」。有些人只會出現單一種，也有人是複合出現的。最近也有人將學習障礙稱之為「特定的學習障礙症」（Specific Learning Disorder，簡稱SLD）。

看到這裡，或許各位會覺得自己有某些相似的特質。具有發展障礙的人之中，有些人符合其中一種，有些人則有多種。就比例上來說，則是重複多種的人比較多。

下一頁中，我把發展障礙的狀況整理成圖表。

在醫學上來說，當某人具有發展障礙特質，甚至更進一步在生活上產生障礙，醫生就會為其做出ＡＳＤ、ＡＤＨＤ、ＬＤ等診斷。

只不過，接受醫學診斷的人只具有發展障礙特質者的一部分而已。我認為，世界上有許多具有發展障礙特質的人，不但在生活上沒有任何障礙，也沒有獲得醫學上的診斷。

有時候，光靠自己的努力也無法克服

具有自閉症類群障礙特質的人，雖然表現出無法解讀他人情緒而拙於應對人際關係、「我就是想要這樣」的執拗，卻因為尚未出現導致生活困難的狀況，而無法前往醫療院所就診。這

發展障礙的基本特性

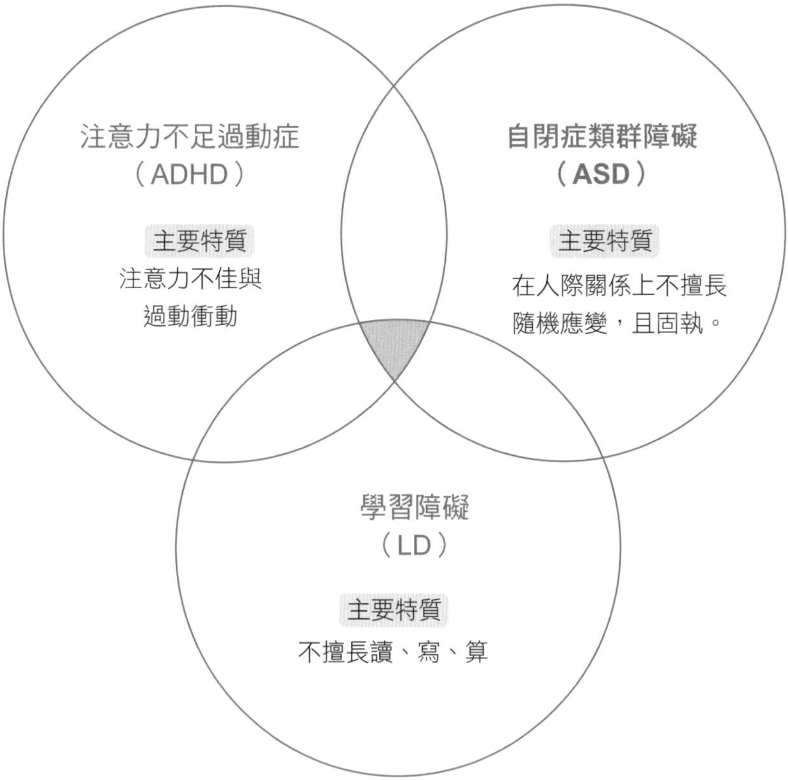

出處：拙著《發展障礙 生存困難的少數派族群們》（暫譯。発達障害 生きづらさを抱きえる少数派の種族たち。SB creative 出版）

樣的人其實很多。

為了讓各位更容易理解上述狀態，請這樣思考。

就是把ＡＳＤ的Ｄ，disorder（疾患）去除掉的自閉症狀態。如果因為這樣的狀態而在生活中發生障礙，進而獲得醫生診斷時，才稱為自閉症類群障礙。

而擁有自閉症特質的人，通常會因為非常堅持己見、難以隨機應變，在人際關係或是工作、日常生活上產生障礙，即使沒有得到醫生的診斷，有時會因為這種執拗而感到生存困難。

其中有不少個案會出現對味道或是聲音敏感，**生活上感到許多不舒適的事物，甚至感覺窒礙難行**。

除了自閉症類群障礙之外，經常忘東忘西、注意力不集中、老是喜歡摸東摸西等的注意力不足過動症（ＡＤＨＤ）也是一樣。去除英文縮寫最末尾的Ｄ的ＡＤＨ相關特質也會出現在本書中。

擁有ＡＤＨ特質的人，注意力不集中、經常不小心就犯錯。明明本人知道自己會被主管指責，也為此感到煩惱，卻再怎麼努力也無法改善，這樣的人不在少數。

我認為，有出現類似情況的人，不要埋頭光想著要靠自己的努力去解決問題，而要事先向周遭的人表明自己的特質與需要協助之處，或是尋找適合自己特質的工作，有時候這麼做就能讓生活轉變得更容易一些。

與其克服自己的不擅長之處，不如找出「容易生存的方法」

無論在工作或人際關係、日常生活上，或許身邊的人會對有發展障礙傾向的人抱持有「到底為什麼連這麼簡單的事都做不到」的想法，然而，具有發展障礙特質的人有時候是無論怎麼努力都無法克服的。

另外，就算乍看之下，他們看來跟社會互動順暢，實際上多數情況下，他們是在勉強自己要配合大家，內心懷抱著諸多掙扎。

因此，本書是要跟各位介紹，在理解自己特質的情況下，戰略性地選擇「**不做也沒關係的事**」的方法，倒不是聚焦在「該做的事情」上。

從下一節起，我會以職場為例，為各位解說那些感覺生存困難的人們經常有的模式。請務必參考看看。

03

生存困難模式①

太過於在意「微笑」

總是被說話很多的業務員A

A三十多歲，從事業務工作，平日雖然熱衷於工作，卻經常被同事們評價為「說話不說重點，老是長篇大論」。

不論是在公司內部會議提案時，還是去拜訪客戶推薦商品或是服務時，就算已經事先準備好資料，口頭說明時總是說太多，反而令人更難明白他到底想說什麼。

而A本人卻覺得自己說話很有邏輯，並不認為自己說明不足或不好。

然而，向客戶說明時，他經常在簡報途中被打斷，被客戶追問說：「這樣一來，費用是多少」「這項商品的賣點是什麼」等。

接著，客戶就會提出「請先說結論」的要求。

但是，A希望能依序做說明，因此跟客戶說：「關於這個問題我後面會向各位報告。」有可是時候，對方不見得會接受A的做法。

每件事都想要從頭到尾說明一遍

A之所以有「要仔細說明事情」想法，是由於內在有個「自我規則」。人們在生活中，都會先將自己的規則或是做法與他人做比較，折衷後再與他人互動，然而，這並不是人人都能做得到的，有些人並不擅長調整自己的規則。

譬如，如同前面曾提到的有自閉特質的人，「**維持自己的關心、做法、步調為優先**」這種本能傾向就極為強烈。

簡單來說，即是對於自己的做法有強烈的執著。

正是因為這樣，A才會對於要配合對方，簡要省略自己想說的內容的做法感到抗拒。

雖然執著的程度人人不同，其中也有人是受到自己的規則所綑綁而動彈不得。

把「不做也沒關係的事」當作是義務

然而，對於某些想按照自己規則的人來說，即使同事或客戶已經指出「簡報太長」，仍不想改變做法，還是依照原本的狀態做完簡報。

心裡雖然明知「可以不用全部說完」，卻認為自己有義務要依序做簡報，最終還是完整做完說明。

我認為，將自己所決定的規則當作義務，任何時刻都堅持不變並非是壞事。如果實質上工作能力很好，這也會是一項優點。

比方說，如果這份工作需要的是能夠正確記錄細節的業務，而非簡略整理，A就能依照自己的規則完成工作。其他像是，從結論說明，或是須要概略說明的業務就交給擅長的同事來做就好。有時候，是可以請託同事們幫忙支援的。

而當被客戶指出自己說明太長，可以跟自己說：「今天可以不像以往那樣，必須依序一一說明。」但是，**如果難以配合對方時，則可以改從事那種「我可以選擇不一定要配合對方」的工作內容，以貫徹自己的堅持**。

有時候，依據公司業種或是工作內容不同，你堅持的方式也能有所發揮。

因為有的人認為「不用依序做簡報」比較輕鬆，也有人認為「依序做簡報」比較輕鬆，每個人各不相同。

在此，要請各位試著思考看看，對自己來說，「不做也沒關係的事」有哪些。

04

生存困難模式②

分不清優先順序

老是被指責「那不是現在該做的事吧」

有些人即使手邊有即將面臨截止期限的工作，一旦發現其他工作，就會放下手邊工作，轉而去做新工作。

進公司擔任技術人員的B經常遭主管斥責說：「現在不是做那件事的時候！」然而每次主管一這麼說，B就越發覺得自己正在做的這件小事更重要，心想「我現在趕快做好就沒問題」，結果，原本該緊張的工作就這麼過了截止期限。

雖然目前為止沒有出現什麼大問題，但B自己也覺得應對工作順序的方式不太對，並且感到不安，經常想「再這樣下去，終有一天一定會失敗」。

通常對於那些容易分心、對眼前事物容易衝動出手的人們來說，要修正短時間內做出的判斷相當不容易。

正是因為這類型的人難以做出快速判斷，才會放下手邊的重要事宜，而去做眼前的工作。我認為，他們即使內心明白事情的優先順序，但一時之間無法冷靜做出判斷。

比方說，那些具有容易受各種事物吸引注意力的ＡＤＨ特質的人們，特徵是「不擅長適度地專注」「要維持專注很不容易」「一想到什麼，馬上就行動」等。當這種特質很強烈，即使意識到要讓自己冷靜下來，一旦注意力分散，就又會採取衝動行為。

我建議，如果你覺得自己是這類型的人可以試著轉換思考，改成**「沒辦法總是維持冷靜判斷也沒關係」「只要結果是好的就好」**。

這樣一來，就能採取其他的應對方式。

事先跟其他人預告「我一旦開始焦慮，就容易犯錯」

我會建議的應對方法是：「事先跟其他人預告**『這件事我可能會判斷失準』**。」

如果你自覺是屬於「不擅長快速判斷」「容易衝動行事」的人，就試著事先告知其他人。因為預先說好：「只要我開始焦慮，就會判斷失準，如果那時我犯錯了，請務必告訴我。」屆時便容易獲得其他人的協助。

即使是容易分心而總是失敗的人，只要改變了看待事物的方法，就能提早察覺並做出快速的應對。

如果不擅長快速做出判斷，就鐵了心跟自己說：「**就算不能冷靜判斷也沒關係。**」讓我們切換思考方式，活躍在不同的狀況中吧。

有時候，某些人在自我介紹時會說：「我不說話的時候，表情看來很嚴肅，看起來心情不好，其實並不是那樣喔」「我只是不說話而已，請不要疏遠我」。

如同這些人一樣，只要事先告知他人「**我是這樣的人**」，就能獲得他人理解，自己也能輕鬆做自己。所以，只要預先告知自己的特質就沒問題。

05

生存困難模式③

無法隨機應變

「我的工作方式該不會是錯誤的吧」

行政人員C工作非常認真。

他平常總是期許自己「要仔細不要犯錯」，用心聽對方說話、確實工作，所以跟他一起工作的人都給他極高的評價。

然而，正是由於C太過把注意力放在「仔細聽主管的指示、依照指示去工作」，一旦對主管的指示產生疑惑，就會反覆詢問主管：「這樣真的可以嗎？」結果總是把主管惹毛。

比方說，當主管跟他說：「這個客戶很特別，要優先處理。」就會因為「這樣做跟公司內部一般做法不同」，因此而追問主管說：「這樣做真的可以嗎？」並且非得主管說出能讓他接納的說法，否則他不會著手去做。這樣的C其實不擅長變通。

因為這樣，C有時候會沒辦法理解主管或是同事的想法，逐漸地感到**「自己面對工作的做法或許錯了」「絕對不能惹怒工作夥伴」**。

由於這樣的想法致使C最近越來越對自己的工作失去信心，也因此越來越戰戰兢兢地工作，但這樣反而使得他無法集中注意力，犯的錯也越來越多。

於是，他開始煩惱自己是否該認真執行工作、不要對主管或同事的交代提出太多疑問。

只要在被指責的當下自我反省就夠了

C時常注意著「不要把別人惹毛」，卻因此喪失自信，無法專心工作。

C原本平常很認真工作，雖然有時會出現溝通不順暢的情況，但大多數時候都不會出現問題。然而，卻因為戰戰兢兢的工作態度，使得C工作效率變差，也變得容易犯錯。

這種時候，重要的是「**不要太在意他人評價**」。

因為一旦為了得到他人評價而消耗身心能量，因此造成工作品質低落，反而會招致評價更是低落。

我認為，如果要反省，只要在被指責當下進行就足夠。請記得，如果一直反省自己，如此在乎他人對自己的評價，反而過頭了。

不論是誰都有擅長與不擅長的事。請不要老是想著「絕對不能犯錯」「不要惹怒他人」，而是要設想別的方法應對。

「不要犯錯」這個想法，其實還包含了「想要得到所有人認可」這種理想性的狀態。只要理想與現實之間出現落差，就會讓人懊惱。

請試著將實際上自己「能做的事」與自己理想中「該做的事」，兩相比較，如果發現落差太大時，**訣竅就是放掉一些「該做的事」，只專注於「自己能做的事」上**。這也是一個不錯的方法。

如此一來，不但減少了煩惱與不安，人也變得比較有自信，做起事來也會順心如意。

06

生存困難模式④

說著「正確言論」，對方快要站不住腳時

「我才是對的！你錯了！」

D是三十多歲的技術人員，雖然年紀很輕卻擁有豐富的專業知識，技術高超，獲得公司主管、同事間很好的評價。

然而，D由於過度自信而不太願意聆聽他人的意見。雖然個人能力相當優秀，團體合作時，卻老被當成是麻煩製造者。

D對於自己的專業知識與技術都感到非常有自信，因此只要有人說錯，不論對方是主管或是往來廠商、客戶，他都會設法說服對方，以讓對方承認自己的錯誤。正因為他的這種態度，

總是四處惹風波，讓所有人感到困擾。

D本人卻堅持「我說的一定是對的」，一點也不願意讓步，結果在職場上引起諸多麻煩，這也是事實，因此我認為，D有必要調整目前的應對方式。

對方也有自己的狀態

「合理的事卻說不通」時，可以有兩種看法。

其一是，「我明明說得對，是不願意接受的對方有錯」。另一種是，「**就算我說得對，也可能因為狀況不同，在現實上不是全都能適用**」。也就是，不論是說話者或是聆聽者都有各自的狀態。

所謂「合理的事」是指，合乎邏輯的正確理論。只不過，即使內容再正確，對對方來說，也有可能因為某些狀態而難以付諸實行。

工作上有時候會出現，在工作時程上、預算上、人事上需要妥協的地方。在這種時候，如果堅持自己是對的，試圖要說服對方，就會陷入窒礙難行的狀態。

此時，也要一併考量對方的狀態，轉換思考「**就算我想的事情再怎麼合理，也沒有必要逼迫對方認同**」，這樣就比較不會產生問題。

容易把注意力放在「事實與理論」上，而非在意對方的心情

面對人際往來時，有時候依不同狀況隨機應變，會讓溝通變得順暢，你可以選擇在適當的時機點確實說出想法，如果狀況不適合，則應和對方意見即可。但是要記得，如果心裡無論如何都抗拒扭曲自己的想法時，就不須非得這麼做不可。

有些公司文化會鼓勵員工在任何時刻都勇於表達自己的意見，有些則否。不同的公司文化有其各自的優點。

因此請事先想清楚自己適合哪一種。如果你擅長圓融地調整自己與對方配合，就找個能發揮所長的公司。

有的人擅長與他人合作，有的人則否。

尤其是具有自閉症特質的人，基本特徵就是「**苦於在人際關係中靈活應變**」。

若要說原因，就是這類型的人在意「事實或理論」更勝於「人的心情」。因此，在面對必須要配合對方而改變說話內容時，容易心生抗拒。

我建議，在面對這樣的狀況時，**不要試圖強迫自己調整說話內容與行動，而是要尋找跟自己合得來的人、自己感覺舒適的環境**。

因為，溝通也有對象適不適合的問題。

當溝通不順利，不要只一味地責備自己，試著想想「自己是不是跟對方合不來」，這也是一種方法。

07

生存困難模式⑤

不自覺地想要符合他人的期待

就算是完美主義者，也有過不了的難關

三十多歲的E從事著企劃工作，每次發想新的企劃案時，總是非得要提出個自己百分之百滿意的企劃案才行。

雖然他可以早早就寫出企劃案的架構，但對於E來說，那都只是「尚未完成的東西」，根本見不得人。

因為他認為，交給別人的東西要非常完美才行。因此，他總是很晚才提出企劃案，主管也曾提醒他：「即使完成度不高也沒關係，只要完成七成就可以交出來了。」

就算是自認為很完美的企劃案，也經常會受到批評而有需要修改之處。雖然大多都只是須

要些微調整，有時也會因此發現根本性的問題。

為此，「希望符合他人期待」「工作上力求完美」的E，經常會因碰壁而感到苦惱不已。

事情尚未結束前，犯幾次錯都可以

一般來說，希望能符合他人期待的人，很容易有**「不希望工作有瑕疵」「不喜歡他人對自己評價變差」**的想法，因此很害怕犯錯。

當工作上應該要跨越的高牆越來越高，結果就是無法讓人看見自己的工作，而逐漸變得一個人抱著工作而遲遲無法交件。

我建議可以轉換想法，「事情還沒做好，錯了也沒關係」。也就是要想成，工作目標還沒到，現在還只是做一半而已。

所以，工作做一半時，就找其他人稍微商量一下。雖然這樣做，他人可能會指出錯誤，但是要想著，反正還沒完成，錯了改正就好。

工作中途出錯，只要加以修改，最後就能完美交件。

只要能這樣思考，根本不需要修正早先設定的目標，就能夠在做到某個段落時請人協助。就算被人指出錯誤，也能輕易轉換思考「**反正還沒做完，沒關係的**」。

完成工作途中，總是會出現有各種狀況，只要最後能符合目標即可。

重點在於，「**不須要從一開始就想要試圖完美**」。

08

生存困難模式⑥

就算心裡不喜歡，也無法出口拒絕

不經意地就說OK

一遇到他人尋求協助，心裡雖然不願意卻無法拒絕的人為數不少。

四十多歲的F從事銷售工作，當主管或是同事對他說：「你現在有空嗎？」不論手邊有沒有工作，他總是會不自覺地說出：「我有空。」

雖然他總能以開朗的笑臉應對任何請託，但如此一來，原本就忙碌的他，工作量也因此增加，無法順利進行手邊的工作，為此，他感到非常困擾。

事後，他總會懊惱地想：「我剛剛應該要拒絕的」「早知道那樣說就能拒絕」，然而，只要他人開口拜託他，他就無法這麼冷靜地思考，而是任由嘴巴反射性地說出「沒問題」。

F認為，能幫上他人的忙確實是值得開心的事，但有時候卻因此把自己逼入絕境，並為此煩惱不已。

請記得，受他人請託時，「也是可以拒絕的」。

通常，當自己正在處理的工作與他人請託的工作相重疊，兩相比較下，如果發現是自己正在處理的工作比較重要，就應該優先處理。

雖說如此，當他人突然出聲來拜託自己，當下能否冷靜判斷並不容易。尤其請託對象剛好是你希望能符合他期待的人時，表情溫和地答應對方是再平常不過的事。

對於這樣的情況，建議的對策就是**面對任何請託時，請都先以「請稍等一下」回覆對方**。

比方說，當你行事曆上的代辦事項已經很滿了，可以事先確認自己的行事曆後，再回覆對方說：**「如果我某日某時才有時間處理，可以嗎？」**

只要運用這個方法，就能把自己的狀況擺優先。

為了不被請託而轉換場所

對於那些明明就不是自己想做的事，卻因為過於配合他人而感到痛苦的狀態，我稱為「**適應過度**」。

也就是，**比起想做的事，把「應該配合他人的事」放在優先順位，過度應對的狀態**。

處於這種狀態的人，乍看之下似乎很能融入社會氛圍，總是表現得很優秀，然而，本人實際上卻是耗費他人無法想像的多餘力氣、有時還會勉強自己去配合他人。

像這樣，因為適應過度而太過壓抑自己的人，有時候即使處於拒絕也沒關係的狀況下，卻反而無法好好應對。

面對這樣的狀況，我建議應該要避免在容易被人看到的地方工作，減少他人請託的機會也是一個辦法。

即使無法拒絕對方，起碼也能減少被請託的次數，進而減少負擔。另外，或許增加獨自作業的時間也是個不錯的辦法。

試著挑戰「減少一件該做的事」

就像我目前為止所說的，要一下子改變行為並不容易。

因此，首先應試著挑戰「減少一件該做的事」。

讓我們先從一直以來你視為理所當然的事情當中，挑選一件試著不做看看。雖然要改變一直都在做的事需要勇氣，但只要一件就好，請試著改變看看。剛開始只要挑戰一件事就足夠。

讓我們把背負過多的行李逐個從身上卸下吧。

接下來的第二章至第四章中，我將從人際關係、工作、日常生活中舉幾個實例，為各位介紹思考「不做也沒關係的事」時的訣竅。

每一種情況，都能挑戰「減少一件該做的事」，因此，請各位務必試著找出屬於你的「不做也沒關係的事」。

第 2 章

人際關係裡「不做也沒關係的事」

Point

把規則擺在協調性之前

如此一來就不會輕易受人影響

從第二章到第四章，我將具體介紹那些我們平日煩惱著，卻是「不做也沒關係的事」。本章的主題是人際關係。

人際關係中，包含著各種煩惱，有些人煩惱於不擅長說話、有些人則是不懂得好好打招呼、有些人每次遇到聚會總是備感壓力、有些人煩惱於太在意他人臉色等等。

接下來，我要為懷抱這些煩惱的人提出一些訣竅，放下這件事或許能讓各位感到輕鬆一點。請務必參考看看。

為了解決人際關係上的煩惱，重要的是，要把「規則」放在「協調性」之前。

這裡所說的「協調性」是指，「想要配合他人行動的想法」。協調性並不是固定不變，而是因人而異的。

人一旦過於在乎協調性，就會變得經常在意對方的話語、表情與行為，長此以往，就會勉強自己去配合對方，連不須要做也沒關係的事也放不了手，造成心情低落。

相對於「協調性」，所謂的規則就是，固定不變的事物，經常是如此，且不會因為對象不同而改變。

通常在不同場合有不同規則，比方說，社會有社會的規則、每個家庭有家庭的規則、每個人有各自的原則等等，最重要的是，**只要不違反社會的規則，其他的只要選擇適合自己生存的規則即可**。

不要太在意他人評價。
對於他人的評價充耳不聞也很重要

要能在人際關係中，放下那些「不做也沒關係的事」，首先重要的是，「**不要太在意他人**

對自己的評價」。

一般煩惱於人際關係的人們，容易落入「如果我這麼做，不知道對方會怎麼想我」「擔心別人會討厭我」等。

此時，請回想起「規則優先於協調性」。只要遵守社會規範，自己稍微改變一下做法，基本上並不會引起他人的嫌棄與惱怒。

然而，如果你明明遵守規則，對方的反應卻很負面，我會建議你遠離那樣的對象。

要記得，不是要去配合他人，而是在遵守社會規範下，選擇適合自己的生活方式就好。

如此一來，一定能減輕各位在人際關係上的難受感。

將「規則」優先於「協調性」

以協調性為優先

- 凡事以他人為優先
- 非得與他人採取共同行動不可
- 為了對方而做「該做的事」

以規則為優先

- 不會因對象不同而有所改變
- 凡事依據規則而行動
- 只要遵守規則做想做的事即可

CASE 01

每次在社交場合中都無法順利表達想法

✕ 雖然感到不適應但還是勉強與人交談

○ 感覺場合不對，不說話也沒關係

與人際關係相關的煩惱中，我最常聽個案說的就是——最怕社交場合。

個案會說，一對一說話沒問題，跟第一次見面的人也很能聊。但是只要一到那種站著拿點心吃的派對場合，就不知道該怎麼跟人交談。看到別人在閒聊，就是找不到加入話題的時機點。

人們在有機會參加派對時，都會想著要藉機與更多人交談、擴展人脈。事實上，派對也是能認識各行各業人士的好機會。

只不過，對於不擅長與他人閒聊的人來說，他們會在「非得說些什麼」的這個點上過不去，為自己設下過高的標準，使得聚會場合變得令他們感到窒息，也充滿壓力。

我認為，如果現場找不到談得來的人，不妨就沉默。以毫不勉強的方式讓自己樂在其中，不是更能輕鬆出席各種場合嗎？

跟誰都談得來的絕佳溝通模式

無法與人閒聊而煩惱的人，請試著思考看看適合自己的溝通模式。

以漫才*師為例，那些在題材上有天分且能博得觀眾爆笑的藝人，上談話性節目時，通常並不多言，有時還會保持沉默。反觀那些在談話性節目上妙語如珠的藝人，在以「一句話搞笑」為主的節目上，有時候卻無法發揮。

我之所以這麼比喻，是想為各位說明，每個人都有自己擅長的溝通模式。漫才裡「裝傻」「吐槽」的表現方式或許也能拿來說明所謂溝通模式的不同。

*註：漫才，一種喜劇的表演形式，類似中國的對口相聲。

負責展開話題的人（吐槽）與讓話題關閉（裝傻）的人，各自扮演好自己的角色，無論是漫才或是人與人的對話，每個人都剛好站在對的地方。讓我們來思考看看，自己究竟適合哪一種溝通模式、在哪一種場合說起話來輕鬆自然吧。當我們能告訴自己說：**「只要在輕鬆自在的地方說話就好。」**人也能自然輕鬆起來。

CASE 02

很難把意見說出口

× 責備自己「又說不出話來了」

○ 在不會感到緊張的場合，試著說出意見

有些人，明明有話要說，卻總是說不出口。

這樣的人心裡大多猶豫著「反正說了也會遭到反對」「說了會破壞氣氛」，因而把想說的話又吞了回去。

在開會的時候，他們總是處於沉默，眼看討論進行著，自己想說又說不出口，直到最後會議結束。看著其他人熱絡地交換意見，只有自己無法說出意見，最後只剩下自責。

發言容易與否，決定於自己與他人的關係

通常，意見是否容易說出口跟自己與他人的關係有關。

我想，不論在班級、社團或是同好會等各種場合中，各位也都經驗過能輕易發言與不那麼容易有說話機會的時候。

就算是工作場合，有些工作場合無關年齡就是能暢所欲言，但有些工作場合就是非得要累積年資，否則不能輕易發言。

我認為，就算「不擅長說出意見」，也不見得都是自己不好，可能跟環境不合也有關係。實在沒有必要過於自責。

我建議，老是說不出意見的人、不擅長依場合調整自己想法的人，如果想要改變，首先要選擇容易說出想法的場合，試著把自己的想法說給能安心說出口的對象聽。

CASE 03

不善於跟人打招呼

✕ 時刻記得要好好打招呼

○ 與人錯身而過時看著鞋子

我發現，不擅長與人打招呼的人並不少。

明明說出「早安」「辛苦了」，卻經常遭到忽視，所以讓人覺得「忙碌的時候，還是不要說話比較好」，如此一來，就變得更難與人打招呼。

另外，也有些狀況是一瞬間來不及應對的。

比方說，在公司的走道上，出乎意料地遇見公司的重要人物時，因為過度緊張而嘴巴不聽使喚，或是根本說不出話來的狀況。

因為無法得體地與人互動，而煩惱於擔心自己成為「好感度不佳的人」「他人評價低落」的人並不在少數。

每當個案來找我諮商，主題是關於「與人打招呼的煩惱」時，我經常這樣跟他們說：

「請問，你覺得『只會打招呼，工作能力不怎麼樣』，跟『工作能力不差，卻不擅長與人互動』，哪一種人對公司比較有價值？」

在公司上班，重要的首先是工作能力。因此，即使不善於與人互動，只要工作能力不錯，基本上應該不會有太大問題。所以，我們把重點首先放在專注於工作上，然後才是盡量與人互動。萬一，你明明工作做得很不錯，只有不太會與人互動，卻感到不自在，那就可能是與那家公司屬性不合的關係。

學會三種簡單的打招呼技巧

雖然有人說，懂得適度打招呼就好，卻還是有時機的問題。

通常我會建議不擅長打招呼的人，使用以下這些方法：「到班上或是公司時，小聲打招呼就好」「與人擦肩而過時，稍微把眼睛向下看」「當有人跟你打招呼，用同樣的語句回應」這三招。

①到班上或是公司時，小聲打招呼就好

當你到班上或是公司，只要對遇到的人小聲問好，再輕輕點個頭就好。重點是音量只要讓對方若有似無地聽到的程度即可。我認為，這是最低難度的打招呼方式。因為，不論對方是否有所回應都不重要。心裡只要想著：「**對方如果有回應，那就太好了！**」打招呼這件事也就算過關了。

如果是不擅長讀取對方表情的人，這種做法就能做到最低限度的與人互動。

②與人擦肩而過時，稍微往下看

當你在學校或是公司中與人擦身而過，只要輕輕把眼光朝下。低頭的角度大概是雙眼看著自己鞋尖的角度。不論迎面而來的是否為熟識的人，總之就是先低頭。

如此一來，對方會分不清，你究竟是「在打招呼」還是「只是低頭往下看」。總之，就是讓對方搞不清狀況地把頭往下垂就對了。

正是因為難以分辨，所以對方也就跟你擦身而過了。

③打招呼時，用同樣的語句回應即可

但是，如果對方開口打招呼，只要用同樣的語句回應就好。如果採用這個方法，基本上，極少會出現打招呼失敗的狀況。

這個方法極推薦給那些與人互動時，苦於分辨對方表情或肢體語言的人們。

首先請從自己能接受的方式開始嘗試。

CASE 04

關係好的人很少

✕ 不要總想著要跟每個人都關係很好

○ 私下與好朋友度過

我發現，有些人很常為無法融入人際關係中而煩惱。

比方說，就是無法跟同事有更親密的關係。如果要談工作上的事倒是還好，其他話題就是提不起勁來。所以總是一個人獨來獨往，維持淡淡的同事關係。正是因為這樣，所以得到了「協調性差、難相處」的評價。

不只是公司，我經常接觸的個案，也都煩惱於自己在如學校或是地區性的社團中「無法與人有更活絡的關係」。

我發現，多數情況下，這些個案並不是完全沒有朋友。

他們在私下其實有趣味相投的朋友，只是在學校或是公司裡交不到朋友而已。

小時候，師長總是耳提面命地要我們「多交朋友」「與人交好」，無意間，我們都認為「朋友很少是糟糕的」。然而，**朋友少真的是壞事嗎？**這一點值得商榷。

如果在職場上能與同事們相處愉快，工作上當然能獲得協助。

以我自己的狀況為例，為了寫論文，我必須參考之前已經發表過的研究報告，並且必須要一邊批判這些研究報告，一邊整理自己的想法。如果不這麼做，就無法形成新的研究。

因此，如果心裡只想著要與同業保持良好關係，就會變得無法批判同業的研究。如此一來，學問將無法進步。所以，我雖然會與一同研究的朋友交往，卻不太重視自己是否在學會中結交到各方好友。

如果我重視協調性，與所有人交好，寫出不夠嚴謹的論文，這反而才是大問題。

我們不須要與每個認識的人都交好

在這個世界上，有些人能與許多同事保持良好關係，又能把工作做得很好，但是也有些人並非如此。

我認為，就算沒有在大多數的團體裡認識許多朋友，只要在小團體裡與志同道合的朋友相處愉快，人生就能如魚得水。

我自己經營著一個ＮＰＯ非營利組織，我的營運目標是希望在大團體中創造許多有趣的小團體，讓許多人都能找到自己的歸屬。（http://www.nest-japan.org/）

我認為，除了在學校讀書、在公司工作之外，每個人要是能在其他場合中交到志同道合的朋友也很不錯。

CASE 05

不擅長與人聚會①最怕喝酒時的人際交流

✕ 想著「得趁著工作時交朋友」而忍耐

○ 只參加迎新送舊會與自己擔任主辦人的聚會

飲酒聚會也很令人苦惱呢！這類煩惱的原因有許多種，在這裡，我要介紹的是，由於不善於體察他人狀況，每次參加聚會就感覺很疲累的案例。

這類型的人雖不至於不懂得察言觀色，但是就是不擅長體察他人心情。

每當想要體察他人心情，一看到那麼多人就得耗費心力，不知不覺間，就大大消耗了心腦的能量。

因此，即使參加了聚餐，也沒辦法樂在其中，最終只能疲累地回家。

我們常聽說「趁工作時與人交流」。

所以，前輩或主管總是再三交代說：「重要的是，趁聚餐時累積人脈。」我認為，這充其量也只是一種思考面向。實際上，也是有人會將在聚餐時獲得的資源活用在工作上。

然而，如果硬是懷抱著「非得強迫自己去參加飲酒聚餐」「只要有人揪，就絕對不能拒絕」而把自己逼入了絕境，那麼，飲酒聚餐只會變成是一種壓力來源。

如果你是不善於體察他人心情，而感到參加聚餐很痛苦的人，請試著轉念想想看：「**所有聚餐是否都真的必須要參加嗎？**」

只出席重要的飲酒聚會

早前，有些公司文化會認為，不參加飲酒聚會就是不夠格的上班族。

現在社會氛圍是否改變了呢？

聽說，由於現在年輕人已經對飲酒聚會不感興趣，所以這類型的餐會已經大幅減少。

再加上因為新型冠狀病毒肺炎疫情爆發，像以往那樣大規模的飲酒聚會相對減少。我想，有相當多的公司也取消了尾牙聚餐或迎新送舊會。

然而，當尾牙聚餐或迎新送舊會不再，工作起來是否就變得不那麼順利呢？似乎也不盡然。倒不如說，有不少人發現「**就算沒有飲酒聚會，工作也能很順利**」。

對於參加飲酒聚會感到疲累的人，不妨針對逐個聚會分別試著思考：「如果不參加，是否會影響工作？」如此一來，就能找出須要參加的最低限度聚會，讓自己能不勉強參加不想去的聚會。

雖然對於不擅長喝酒的人來說，非得要參加這類聚會很辛苦，但如果每個聚會都得推託不去，似乎也不是一件簡單的事，所以我才會提出「只參加重要的聚會就好」的建議。

比方說，有這樣的做法：只參加自己的迎新送舊這類重要聚會，一般的聚會則推辭不去。有人就因此而感到變得輕鬆的。

關於一般的飲酒聚會，也可以只選擇參加由自己主辦的聚會，不合拍的聚會則可以不去。

聚會時要找到合適的談話對象、要思考話題、應酬……人都還沒有出席，光是思考這些問題就夠累人，但只要是自己主辦的聚會，就會因為要處理點餐、結帳等，對話時只要集中於行政相關的事項，應該也能減少一些壓力。

關於適合的拒絕方式

然而，事情似乎不這麼簡單，有時候就算事前設定只參加重要的飲酒聚會，拒絕起來卻沒那麼容易。此時，我建議直接用「**我不會喝酒**」這種正當的理由拒絕即可。

我曾經因為酒量不佳，參加飲酒聚會總是會備感壓力而煩惱許久，某次趁著職位調動，我直接向新單位的同事表達出「我酒量不佳」的狀況。

那次之後，同事們就不太勉強我參加飲酒聚會，因此變得比較輕鬆。有時候，即使非得出席，我就選擇非酒精性的飲料。

像我這樣，趁著轉換工作或職位調動，向新同事直接表達「我不擅長喝酒」的訊息，也是個不錯的方法。

此時，重點在於，你能否直接表達出「我不會喝酒，所以不參加聚會」的意向。

因為，如果你一直用「雖然我不能喝酒，卻會因對象不同而強迫自己喝」這種含糊不明的應對方式與同事互動，最後會落得同事間評價你是：「那個人很難相處或很好相處。」

讓我們事先決定好**「自己因為某些理由而不做某事」，並堅守規則來實踐**。如此一來，比較能夠獲得同事間的理解與接納。

CASE 06

不擅長與人聚會②因為情緒高昂而失敗

✕ 勉強自己去炒熱氣氛

○ 堅持露出微笑當個聆聽者就好

「不擅長飲酒聚會」的第二種模式是，總是在聚會中過於亢奮，最終招致後悔的實例。

這樣的人會試圖在聚會中拚盡全力炒熱氣氛，卻在結束後不斷自我反省說：「光顧著說話，忘了好好傾聽對方」「自己太過於得意忘形，以至於說錯話」「忘了要陪其他人喝酒」。

正是因為喝酒後會出現以上這些情況，所以，一旦要參加這類聚會就事先開始憂慮起來。

一喝了酒，判斷力就會變得低落，很容易會毫不忌諱地出言不遜。

尤其是具有ADH特質的人之中，平日容易有「**想到什麼就說什麼**」傾向的人，一旦大腦受到酒精影響，更是容易出現這樣的狀況，因此有必要多加注意。

當一個聆聽者

飲酒聚會中，能充當一個炒熱氣氛的角色固然不錯，但如果你是容易在聚會後，對自己言行舉止感到後悔的人，就跟自己說：「每到聚會時，就從頭到尾堅持當一個聆聽者的角色就好。」這也是避免事後後悔的方法。

與其在聚會中賣力炒熱氣氛，不如擔任在旁微笑聆聽他人、為空酒杯斟酒的角色，應該更是輕鬆無礙。

在寒冷時節，或許當個在旁觀照眾人的角色也很好，像是煮火鍋時，負責視狀況默默加菜的人一般，這種默默付出的角色，也能獲得眾人感謝。

如果是參加親密好友的聚會，偶爾挖苦別人、開個玩笑應該無妨。

如果是參加公司的飲酒聚會，那麼就從頭到尾都當個聆聽者，或是在交情比較好的同事間簡單說些話，就算犯個小錯也沒問題。參加各種飲酒聚會前，也可以先把自己的角色定位好。

CASE 07

總是太在意他人的臉色

✕ 從對方的表情來判斷

○ 從對方說話的內容來判斷

不少人有以下這樣的煩惱：

經常會發現，自己剛說出口的一句話讓對方的表情瞬間改變了。此時，心裡開始忐忑地想：「該不會是我說錯了什麼吧……」但是究竟哪裡不對，卻毫無頭緒。

心裡不斷想著：「雖然我可以感覺到對方心情不好，卻不知道究竟原因為何。」

我的個案中，有些具有自閉症特質的人也會因為自己難以掌握對方的心情，而只把判斷重點放在對方表情上。

有些個案甚至會在自己說的話沒獲得對方良好反應時，就一股腦兒地認為是自己說的話惹怒了對方，無法思考其他可能的情況，比方說，對方當時可能只是忙著處理別的事。

不論對方的心情如何，只要記得「受讚美時懷抱感謝、惹怒對方時深切反省」

如果覺得要理解對方的情緒有困難，經常會過度解讀，記得不要試圖從對方的表情來做判斷，而要試著把判斷重點放在對方的說話內容，從**解讀脈絡**做起。

要記得，要判斷一個人的心情如何是非常困難的。因此，只要做到不論對方的心情如何，在「受讚美時懷抱感謝，惹怒對方時深切反省」就好。

至於**對方的回應，只要不過度解讀為「對方如何看待我這個人」，就能減少自己受到他人情緒的影響程度**。

如果你是那種不自覺就會在意他人心情好壞的人，就會無法忽視他人臉色。然而，要知道，此時只要把注意力放在理解對方說話的脈絡上，受到他人情緒影響的狀況也會消失。

在「解讀說話脈絡」這一點上，對於不擅長察覺他人臉色的人來說，不啻為一個好方法。一旦不把注意力放在對方臉色上時，就能專注於理解他人話語上。

在職場上，比較吃香的類型反而是在與主管或同事間能平穩談論公事，完整理解該做的事務內容，也能專注於工作的人。因為，所謂的公司原本就是工作的地方。如果你是不擅長理解他人心情的人，就把注意力放在理解對方說話的脈絡上吧。

CASE

08

臉盲而且記不得別人的名字

✕ 向他人隱瞞「自己是臉盲與不擅長記憶名字的事」

○ 向他人坦承「自己不擅長記憶他人名字」

其實，還有一些人對於自己老是不記得他人名字與長相、對於只見過一次卻完全不記得對方的人抱持深刻的煩惱。

比方說，幾乎不會出現在公司的人突然間出現時，自己完全不記得對方是重要人物，還出口詢問對方是哪位。

如果是對於已經累積某些職場經驗，且有一定職位的人來說，面對這種情況時總有辦法能安全度過。但是對於職場新人來說，臉盲或是不擅長記憶他人名字可能會為職場晉升帶來阻礙。

事實上，我自己本身也是臉盲一族，但因為我已經有幾十年的工作資歷，身邊又有同事相助，面對類似情況時總能安全過關。

就算是一時間想不起對方的名字，有時候只要出言問候，言談間就能記起來了。

有些具有發展障礙特質的人，也不擅長記得他人的長相與名字。雖然狀況因人而異，但我遇過那種，不論見了幾次都記不起對方的長相，而且每次都要詢問對方姓名的人。

如果你不太擅常記得他人名字，以下這些對策可供你參考。

用「以前我們見過面」來度過尷尬時刻

如果在記得人的臉孔或名字上有困難，可以事先擬定對策。請先試著思考看看，你是屬於哪種類型的人：要見過幾次才記得對方臉孔的人、還是怎麼都記不得的人。

如果你是屬於只要見過幾次面就能記得對方臉孔，可以先用「我們之前見過面」來開啟話

題，再慢慢從自己的記憶中尋找答案，如此就能在不失禮的情況下與對方互動。嘗試這個對策幾次後，如果都沒有引發大失誤，就可以繼續採用這樣的對策。

然而，如果你是那種無論如何都記不得對方臉孔或名字，又處處碰壁的人，我建議要適時請身邊的人幫忙。

這時，可以事先跟身邊的人說清楚自己不擅長記憶臉孔或姓名的狀況。當你記不起來訪客戶的臉孔或姓名，就跟身邊的人悄聲詢問即可。

面對困難的事時，能事先取得周遭人士的協助，才能防患於未然。

目前我正是以這樣的模式，在取得夥伴們的協助下順利工作著。

CASE 09

維持人際關係這件事本身就充滿壓力

✕ 總是跟某人在一起

○ 重視獨處時間

有時候，有些個案會提及「與人相處時感到難受」「只要人多就緊張」的困擾。他們真心覺得與人對話不容易、與人見面備感壓力。然而，心裡卻認為與朋友、認識的人互動是很重要的，所以勉強自己與很多人碰面相處。

在這類型的人之中，有些人明明是自己期望與人交流，卻在過程中，不斷想著「想要快點回家」「想要一個人好好待著」。

如果自覺勉強自己去跟他人互動雖會感到疲累，但卻樂在其中，並感到充實，就維持現在的方式也不錯。

只不過，如果是因為大家都認為「與其一個人，不如跟某人一起度過比較充實」而勉強自己，就要特別留意了。

在此，**請試著思考看看，跟好友或認識的人說話時的「愉快」心情，和「想早點回家」的心情，何者比較強烈**。

如果是想要獨處的心情比較強烈，明顯感到自己正在勉強自己，還是要減少與人互動的機會比較好。

清楚自己的狀態，就能消除生存困難

我認為，與人相處的心理狀態有兩種，一是「非得跟某個人在一起不可」，另一種則是「自己獨處輕鬆多了」。當然，每種狀態都有想要跟人互動與自己獨處的時刻。

雖然人對於想做的事會因為心情而改變，但是一旦理解自己的狀態，就有可能消除生存困難的情形。

順便提一下，我本身是屬於「一個人獨處比較輕鬆」的類型。

二〇二〇年，隨著新冠肺炎疫情擴大，除了醫院以外，在其他類型場域工作的人們居家工作的機會大大增加了。

再加上假日的演講會大幅減少，造成連假時，幾乎不須出門與人互動的情況也增加了。

這樣的情況下，人們在家獨處的時間變多。我自己完全泰然處之。正是因為我很了解自己，所以不會勉強自己與人見面，一個人也能過得很開心。

如果你是跟他人相處會感到疲累的人，請試著想一下：「一個人獨處是否比較輕鬆？」

如果答案是肯定的，那就接納那樣的自己無妨。在與人聚會時，心裡老想著「想早點回家」「想要一個人好好專心做感興趣的事」的人，反而在家享受獨處時光，才能減少壓力。

我們不應該忽略自己的真實想法，只顧慮著哪種狀態比較好，而是要回歸自己的本心。

因為**「不試圖迎合外界」**，而只**「試圖理解自己」**，這樣才能使生活更輕鬆。

CASE 10

感覺只有自己跟其他人不同，內心有疏離感

✕ 勉強自己迎合其他人

○ 跟別人不同也沒關係

各位把這本書拿在手上的讀者，應該有不少人是這麼想自己的：

「總覺得自己跟大多數人不太一樣。」

比方說，學生時代的社團活動時，總是無法跟大家同步行動，老覺得只有自己有些邊緣。多數時候都是獨自行動，經常會想：「不知道其他人怎麼看我？」像這樣，明明不是遭受他人排擠，卻總是感覺自己格格不入。

然而，有些人就算有以上的狀況，卻並不怎麼在意。這類型的人，由於即使有些邊緣卻也

不在意，依舊我行我素，因此不須要擔心。

那些會因此而感到煩惱與困擾的人，是屬於很在意自己是否與眾不同的類型。

這類型人，總是著眼於自己如何與眾不同，並試圖改進自己，於是便時常陷入「試圖配合他人，但又拙於配合他人，即使如此，仍舊勉強自己要迎合他人」的無限迴圈中。

另外有些人則是，煩惱於「存在感薄弱」，老是把自己跟別人比較，時刻檢視自己是否順利融入群體。

以想做還是不想做作為判斷基準

當你感到很邊緣、有疏離感，此時最重要的是，**不要把自己跟他人做比較**。

小時候，爸爸常跟我說：「絕對不能老是做跟別人一樣的事。」在這樣環境中長大的我，很容易就養成「大家都在做的事，我絕對不能做」。這麼一來，雖然我能敢於與眾不同，但也有感到困擾的時候。特別是大家氣氛熱鬧時，雖然我也想加入群體，最終卻只會遠遠站著旁觀，無法順利融入人群中。人之所以會感到自己與眾不同，某種意義上也是與他人比較的結果。

無論是「想要與眾相同」或是「與眾不同」，兩者都是我們試圖與他人比較、想要配合他人採取行動的結果。

如果不是這樣，那麼，無論他人如何行動，我們只要選擇自己想做的事做，不想做的事就略過不做。試著如此轉換思考看看。

我現在也有所改變，我不再想著「絕不能與他人相同」，而是開始思考我自己真正想做的事有哪些。

我發現，當我們不再與他人相比較，轉而思考自己真正想做的事，人生就會變得非常輕鬆。請各位務必也試試看。

第3章

工作上「不做也沒關係的事」

Point

做不來的事，不要勉強自己

意外發現，很多事「不做也沒關係」

在第三章裡，我將為各位解說消除工作煩惱的方法。

雖然工作是屬於「非做不可」的範疇，實際上卻包含著許多「不做也可以」的事。

在諸多工作上的煩惱中，除了有實務上的煩惱，比方說，失誤過多、無法收拾、時間管理有問題等，另外還有心理層面的煩惱，像是「過度努力工作」「無法從失敗中奮起」等。

在這裡，我將依不同狀況為各位說明「不做也可以」的例子。

只要一談到「工作」，大家腦海中可能出現公司職員的畫面，但在這一章的內容裡，我也會提到做家事與學生讀書的場景。一不小心就太認真做家事的人、讀書老是沒辦法按照計畫的人也務必好好參考。

學會「自律技巧」與「社交技巧」

當我們思考工作上那些「不做也沒關係的事」，要點在於，先釐清「我做得到的事」與「我做不到的事」，並且不要勉強自己去做那些做不到的事，學著好好放手。

我認為，那正是工作時該有的基本態度。

①了解自己能力所及的事，並透過做這些事來為他人做出貢獻
②明白自己能力不及的事，並在獲得他人協助下加以應對

只要記得這兩個基本態度，就能更做自己且不勉強地工作，工作上的煩惱也會減少。

但我認為，要能確實養成這兩種態度，需要兩種技巧：**「自律技巧」**與**「社交技巧」**。

自律技巧

自律技巧是指，人能自我控制的技巧。

當我們找出那些自己能做到與自己不能做到的事之後，就能有自信地應對那些能力可及之事。而那些自己做不到的事，也就能開口尋求協助以借助他人之力。當我們能掌握那些能力可及之事，對自己抱持肯定，才能向他人坦承自己有哪些事是做不來的。當我們學會這樣的自律技巧之後，就能在工作上好好發揮自己的能力。

至於，要想提高自律技巧，只要充分理解自己擅長與不擅長的事就好。藉由向他人傳達出「我不擅長那些事」後，就能不斷累積「他人給予我協助」「不再感到疲累」的成功經驗，自我價值感也就會提升。

社交技巧

所謂的社交技巧是指與社會化相關的技巧。

一說到社會化，或許各位想的是，能圓融參與進團體的能力，但是我在這裡所說的社會化是指，「**能遵守規則**」與「**能與他人商量**」，並不是別人說什麼都好，而是能在遵守團體規則的情況下，貫徹自己的做法。

在遵守規則行動時，若遇到困難也能找人商量。如果具備這樣的能力，在與人互動時的煩惱也能減少。

尋找可商量的對象是非常重要的

當我們能找出自己能力可及的事與能力所不及的事後，就能讓自己悠遊於這個世界中。想要做到上述的境界，重要的是，當我們找到自己能力所不及的事，並且清楚知道，就算努力也無法改善，就坦白告訴其他人自己需要協助。

一旦我們學會向他人尋求協助，就能客觀理解，也能適切發揮自己的能力。要知道，無論是自律技巧或是社交技巧的學習都需要**「商量」**與**「雙方同意」**幫忙。

因此，找到能安心商量的對象是非常重要的。

如果是上班族，主管是很能商量的人最好，如果不能如願，就在辦公室裡找看看容易搭話的人。萬一很不幸地，公司裡沒有這樣的人選，就在朋友或家人間找個能信賴談心的人也好。

當我們感到困擾與不安，就跟能談心的人好好說說自己的心情與想法。

如此一來，就能更清楚理解，哪些是「能貢獻自己能力」與「做不到也沒關係」的事。

下一節，我將以各種工作情況來為各位說明，思考「不做也沒關係的事」時的訣竅。

CASE 01

總是一不小心就犯錯

✕ 留意下次不要再反錯

○ 請他人幫忙

關於工作，諮商中我最常碰到的個案的煩惱之一就是「失誤過多」。雖然犯錯在所難免，但要是失誤多於其他人，犯錯本人就會覺得自己是個麻煩製造者，因而變成嚴重的煩惱。

比如說，以下的狀況該怎麼辦才好呢？

某人經常把跟客戶談妥的事情搞錯。像是弄錯貨款金額或是記錯交貨期，有時候是忘記交貨期，就算認真做了筆記，卻連筆記都是錯誤的。

明明自己已經很小心了，卻還是失誤連連。

我認為，犯錯過多的狀況下，當然重要的是，首先要本人先做些避免犯錯的努力，讓失誤減至最低。

只不過，如果是不擅長確認細節的人，即使做足了各種事前準備，有時候仍舊是無法降低失誤狀況。

具有ADHD特質（注意力不足過動症）的人，很容易因為其他事而分心，尤其是當他們正在確認帳簿的數字，一旦過程中被其他事務打擾，經常會忘了自己原本處理的進度。

有這樣特質的人，雖然優點是容易因為關注一點小事而開展新視野，卻也有無法長時間集中注意力在一件事上的缺點。

對於這類型的人來說，即使訂下「絕對不犯錯」的目標，並試圖努力達成，有時候也會因為無奈還是犯了錯而越來越失去信心。

以知道自己會犯錯為前提

如果你已經擬定幾個對策來防範犯錯，卻仍舊事與願違時，就要承認自己是屬於失誤多類型的人，並且更改目標設定會比較好。

當你明白犯錯也沒辦法，就不要把目標設定為「絕對不犯錯」，而是設定成「或多或少就是會犯錯，犯錯後再修正就好」。

像我本身就是容易遺失東西的人。

經常在搭電車時，忘了拿傘或是拿包包，即使我特別留意，情況也沒有太大改變。因此，當我承認自己就是會忘東忘西，於是，搭電車時會記得盡量讓隨身物品不離開身邊。

像是包包絕對掛在肩膀上、雨傘則絕對拿在手上，絕不把隨身物品放在置物架上或是座位上。這些應對方式，都是因為我明白**要不忘東忘西很難，所以自己設想出「即使沒有特別留意，也不讓隨身物品離開身邊的方法」**。因為這樣，現在我比較少掉東西了。

這種「不特別提醒自己要記得也沒關係」的方法，其實在職場上也適用。

比方說，跟客戶開會時，除了自己做筆記之外，也可以把筆記內容分享給客戶，請對方代為確認。

如此一來，如果發生誤解，或是記錄錯誤時，客戶就會幫忙指出，我們就能適時改正。

另外，如果事先知道自己可能會犯錯，除了自己多加留意外，也可以商請同事幫忙再次確認是否有錯誤產生。

獨自一人做事總是有極限，如果能獲得他人協助，把事情做好的機會也將會大增。讓我們用盡各種方法來防止失誤發生吧。

萬一真的發生了錯誤，請不要過度自責，只要適度反省，並明白**「不需要完美也可以」「不須要獨自一人埋頭苦幹」**。

重點是不要把自己逼入絕境。

CASE 02

無法收拾

× 「非得要收拾乾淨不可」

○ 知道重要東西的擺放位置就好

不擅長整理也是令人煩惱的問題。如果本人清楚知道自己東西的擺放位置，那麼就算身邊的人再怎麼不滿意也不成問題。

然而，萬一狀況並非如此，而是連本人都不清楚東西的擺放位置，尤其是遺失重要文件時，那將不只會造成自己的困擾，也會影響公司運作。因此，不擅長整理可說是某些人深刻的煩惱。

有些人即使明白整理物品會帶來好處，卻仍舊苦於無法做到「用完即收」「丟棄不需要物品」的做法。

因為對這類型人來說，有計畫性且規律地做事並不容易，因此他們偏好隨性地處理事情。

此時，「確定好物品擺放位置」「每天整理一些就好」「減少所擁有的物品就好」的建議很有可能一點也幫不上忙。

尤其最近常聽到這樣的建議：「只要把文件都掃描建檔電子化就好」「只要有檔案名稱就能輕鬆搜尋」，然而，對於不擅長整理的人來說，處理電腦資料更是一大難關，不但電腦桌面上一團亂，連檔案放在哪個資料夾都搞不清楚。

但是我認為，即使物品散亂，只要使用者能掌握清楚重要的事物，不論是在生活中或是工作上都不發生大麻煩，就實在沒必要勉強自己整理。

只要能清楚知道重要的東西放在哪裡，就沒太大問題。

如果問題太嚴重，就尋求醫療協助

然而，如果在生活或是工作上有出現明顯的障礙時，建議要有某些對策來因應。

比方說，已經多次弄丟家裡的鑰匙，或是遺失工作的重要資料等，會影響生活的狀況。

雖然只要好好整理就沒問題，但是對於一直無法好好整理的人來說，**在以「容易丟失物品」為前提下，我們還是「不要把重要的東西交託給他」**才是最好也最實際的做法。

萬一實在無法妥善解決時，建議要前往醫療院所好好尋求協助比較好。

因為，如果起因於無法好好整理所造成的工作或日常生活的障礙時，接受醫療建議也能帶來解決問題的曙光。

我將在第五章為各位解說，找專業醫生諮詢的方法。

CASE

03

不擅長時間管理

✕ 太想要按照計畫進行而搞壞身體健康

○ 在「不按照預定計畫」的前提下，盡量減少應辦事項

代辦事項過多、無法做好時間管理……類似這種像是在同一件事上耗費太多時間，而沒辦法按照預定計畫進行之類的煩惱，也是前來諮商的個案常會有的。

這樣的情況不見得只會出現在上班族工作時，也會出現在學生準備讀書考試時。

比方說準備大考時，要同時進行多種科目的複習而非得要按計畫進行，一旦在某一個科目上耗費過多時間，整個計畫表就會淪為無用。

明明打算今天是要各讀一小時的數學、英文、歷史，卻因為埋頭做數學一科就花了三小時。因為這樣而沒有時間讀英文跟歷史，進而影響隔天的讀書計畫。

如果老是會因為埋頭做某一項代辦事項，而無法按預定計畫進行，卻仍舊沿用同一個方法擬訂計畫，我認為這樣將永遠都無法學會時間管理。

當我們列出了數個目標，諸如「想要好好訂計畫」「想要遵守時間表」「想要能順暢地進行計畫流程」，卻無論如何努力都無法達成時，心裡的壓力就會逐漸累積。

既想要訂立計劃又想要偶爾順便跳脫一下計畫表，這兩個目標正好是截然相反的方向，想要同時都達成無疑是緣木求魚。

但是，具有發展障礙的人，像是同時具備自閉症與ＡＤＨ特質的人，因為自閉症特質而會想要「什麼事都按照計畫進行」，但因為另一個特質「很容易分心去關注其他事」，就會導致**「規律」與「衝動」兩個特質在心中相互拉扯**。

如果有這樣的狀況，我建議**事先想好變通方法再訂立計劃**。

當這類型人打算要訂立一日計畫，最好在中午前跟中午後各只放一個代辦事項，大略做計畫即可。

這樣一來，即使因為分心去做其他事，也能按照預定計畫，成功率比較高。

此時，要放下想訂立詳細計畫的野心，把目標放在「訂立大略的計畫就好」。用這樣的心態就能順利做好時間管理。

CASE 04

總是把不擅長的事擺到最後才做

✕ 即使不太感興趣，仍舊以該做的事為優先

〇 以心情為優先，最後都會把事情做完

在不擅長時間管理的人之中，有些人是拙於分辨事情的優先順序，而無法好好訂立計劃。這類型人很容易陷入這樣的情況：從想做的事開始做起，直到最後逼不得已才著手處理自己不擅長的事。

雖然在時間充裕的狀況下，這樣的做法不會出現問題，但是一旦忙碌起來，就會沒有時間處理不擅長的事，有時候，那些事就會被迫擱置。

尤其這類型人很容易把自己的心情當作指標來做事。正是因為做自己擅長的事心情好，於

是就會先著手進行這些事。

雖然事先決定處理事情的優先順序很重要，這類型人卻又太過於把心情指標放最前面，如此一來，做事的衝勁就變得薄弱，可能還會拖延整體處理事情的速度。

比方說，如果設定每天進辦公室處理的第一項工作是「不以心情為考量，而以優先順位為最優先的察看電子郵件開始」，正好是這類型人不擅長的工作內容，他們就容易發呆，或是停下手邊工作去做其他無關緊要的雜事，導致到很晚的時間才真的開始看電子郵件。

我認為，倒不如不思考優先順序，而是先從想做的事情著手，反而更有效率，從結果來看，也能早點做完那些不擅長的事。

找到能督促你的人

即使是難以決定工作的優先順序，依心情好壞來決定要做什麼，結果也都能趕得上截止時間的人，基本上不會發生什麼問題。

然而我相信，每個人都有不那麼感興趣的工作。越是不擅長的工作，心裡越是抗拒去做，因而出現「大考前不讀書，卻開始整理房間」這類不知所以然的狀況，類似這樣的經驗，大家應該或多或少都曾經有過。

即使一開始提不起勁，等到截止期限將近，就能振奮精神去做，然後又能做出成果來，這樣當然是完全沒問題。

但是，一開始按照自己想做的順序，或是自己設想的順序進行，卻發現結果難以收拾，而感到困擾時，我建議要找一個能適時提醒你，並提供建議的人。

也就是，找到一個人，能在你計畫延遲時提醒你。這個提供建議的人，可以是家人、可以是關係好的同事、也可以是主管。請找一個能與你商討重要事情截止時間的人。

CASE 05

再怎麼忙都無法拒絕他人請求

✕ 努力學會拒絕

○ 向對方提問

不擅長時間管理的人，還有一種狀態。

這類型人只要確定好優先順序，就能確實按表操課。然而，一旦遇到要跟別人合作就會亂了陣腳。

比方說，工作時，只要主管突然派任其他雜事，就有可能弄亂這類型人的工作順序。

明明可以決定好工作的優先順序，也盤算好了各個工作的截止日期，並確實執行中，但只要有其他雜事插進來，這類型人就會因為無法拒絕而使工作順序受到影響。結果就是，原本該交的工作要不是壓底線就是過期才交。

我建議，這類型人如果為了因應突然插進來的雜事而影響工作的整體進程時，不要再進一步責備自己「應對不來，都是我的錯」「如果一開始訂計畫的時候多留點時間就好了」。

這裡的案例跟我在第一章裡所介紹的銷售員F的例子相似，都是過於配合他人所引起的。

這類型人應該也是當著他人的面，無法順利說出自己意見來的人。

因此，即使明知不要答應別人突然拜託的雜事，卻因為無法明確拒絕對方而含糊應對，結果就是得完成那些雜事。

這跟那種「明明討厭參加飲酒聚會，卻無法拒絕」的人是同樣類型。

因為這類人擔心，一旦拒絕他人會搞壞人際關係，因此，即使明知自己有更重要的事要做，仍不得已只好勉強自己參加。對他來說，飲酒聚會本來就不在優先事項內，答應參加只是因為難以拒絕而勉強自己的結果。

像這種煩惱就不是能不能決定工作優先順序的問題，反而比較像是，不知道該如何拒絕他人請託，應該當作人際關係的煩惱來思考，才容易想出應對策略。

對於不擅長拒絕他人的人，原本應該給的因應對策是：如「不需要配合對方」「直接拒絕也沒關係」，但問題在於，要實踐這些對策並不容易。

對於不擅長拒絕的人來說，如果對方體貼地說：「不想也沒關係」「你看起來很忙」，反而更令他們難以拒絕。因此，**雖然內心明知「拒絕他人也沒關係」，卻因為無法明確說出想法而感到煩惱不已**。

此時，當我要給建議，就不會跟個案說「可以斷然拒絕對方沒關係」「拒絕對方並不會對你造成損失」，而是會建議個案向對方提出疑問。

「請問A跟B，先做哪個好呢？」

比方說，主管突然交代一件雜事，當你答應接下後，就向主管詢問：「請問我手邊正在做的事（A）跟現在這件事（B），該先進行哪件事好呢？」

此時，把A目前的狀況與完成日期也一併告訴主管，再請主管幫忙決定兩者的優先順序。

不是馬上答應他人的請託，也不是立刻拒絕，而是先確認細節，這樣一來，心情也能比較輕鬆。

萬一你詢問主管時，卻被斥責說：「別抱怨」「自己想」，那就表示你跟主管不合。

因為對於難以把意見說出口的人來說，如果主管是連問個問題都不行的人，那麼工作起來只會更辛苦。此時我建議，這類型人可以考慮找其他人幫忙或是另外找新工作比較好。

COLUMN

工作做過頭不見得是壞事

有些人會把生活重心放在工作上，任何工作都全力以赴，總是想著工作。這類型人大致可以分為兩種。

①樂在工作的人

第一種是，即使總是在工作，幾乎沒有休息，也不以此為苦的人。他們滿心喜愛工作，並以遊戲的心情對待工作。

工作中，不但有「想做的事」，也有「感覺有意思的部分」。因此，不知不覺中，熱衷於工作，並把工作的重要性擺在最優先。

這樣的工作方式，雖然可能會出現工作與私生活難以取得平衡的煩惱，但基本上並不會有損心理健康。

②懷抱著義務去工作

另一種模式是，懷抱著義務去工作的人。

這類型人雖然會竭盡全力工作，卻會因為過多的責任感，即使吃飯也沒辦法享受食物，心裡只想著「為了把工作做好，我一定要好好地補充營養」。

這類型人與其說把工作當作「想做的事」，倒不如說是過於把工作當作是「該做的事」，即使內心並不想做，卻因為「是工作」而勉強自己。

乍看之下，雖然工作做得不錯，卻給本人帶來很大的負擔，長久下來可能會損傷心理健康。

①與②的差別在於，他們如何看待工作，是否是基於**「想做」「有趣」**。對於把重心放在工作上的人，請在一天工作結束後，反問自己：「我是否覺得工作很有趣？」

如果答案是覺得工作能讓你感覺是「享受」「有趣」，而且又能帶著玩心，充滿能量地工作，那麼就算是以工作為重的生活，也不須要太過擔心。

因為這類型人是想要以工作為重而這麼生活著的。

另一方面，如果是基於過強的義務感，完全無法懷抱玩心工作的人，就建議要重新思考工作方式。

因為這類型人，很有可能明明就不想以工作為重，卻因為各種原因而只好這麼做。此時，我建議要在損害心理健康前改善工作狀況。

CASE 06

工作做過頭，身體快要撐不下去

✕ 貫徹嚴以律己的精神

○ 明天能做的事，今天絕對不做

「想要好好拿出成果來」的想法太強烈，對工作懷抱有過度強烈義務感的人，會導致對自己越來越嚴苛。

想要回應他人期待，於是對所有工作都想要確實地全力以赴。然而，精力與體力都有極限，時刻緊繃的結果就是，再也無法完美地應對工作，可能因此導致失敗，也可能過於在乎工作而緊張兮兮，最終就是責備做不好的自己。

一旦過於苛刻自己，經常就會損害心理健康。

這類型人之中，有些人即使深陷辛苦不已的狀況中，仍為了貫徹「在工作中獲得成就感」，而持續工作直到倒下為止。

雖然以工作為重也是生活方式之一，但是任何人的體力與精力都有極限。

因此，**為了維持健康又能穩定工作，我們必須要好好思考時間的分配**。

「從哪裡開始放手呢？」

我經常會問嚴格要求自己努力工作的人一個問題：「哪件事是你能稍微放手的呢？」

通常我會像這樣跟個案一起討論：先請他列出一天的工作裡，絕對要達成哪些目標。接著，再列出要達成目標非做不可的事，最後再把這些事列出優先順序。

如此一來，我們就能漸漸看出「不做也沒關係的事」。

比方說，我自己在本業的看診與研究之外，也會接受媒體的採訪。

如果每一樣工作，我都能應對得來就沒問題，但是一旦本業變得忙碌，就只能趁午休的短暫時間接受採訪。

此時，我就會邊接受採訪邊吃午餐。但邊吃東西邊說話是非常失禮的，因此我會在對方同意下才這麼做。

如果我想要好好看診，也想要好好接受媒體採訪，但是時間卻不夠充裕，應該會引起我的緊張情緒。

因此，我讓自己安心的方式是，把接受採訪的訪談部分擺優先，禮儀則少介意一些。

這只是一個大原則，通常我會根據自己與對方的關係，做某些調整。

因為不是每個人都可以接受邊吃邊聊天。這跟業務員和客戶見面商談時是一樣的。有些客戶須要好好地遵守禮儀談話，有些客戶則是可以邊吃邊聊。

因此，請確認好自己與對方的關係，思考一下關於工作的本質、可以輕鬆放手的部分以及須要調整的部分。

減少一天的工作量

對於「你可以在哪裡試著放手呢」的問題，有些人會回答說：「完全沒有可以鬆手的部分。」另外也有人會回答說：「我認為絕對不能鬆手。」遇到這樣的狀況，要找到「不做也沒關係的事」相當困難，此時有別的方法，那就是，減少一整天的工作量。

比方說，若一天有五項工作要做，而且每一項都很重要，但時間壓力很大時，就把當天非得完成不可的工作緊縮為兩至三個。其他的就留待明天再處理。

我會請個案思考看看，是要「盡全力完成兩三個工作」還是要「大致完成五個工作」，然後從中選擇。

事實上，如果能**不緊逼自己要完成所有工作，讓自己有點餘裕**，反而能提升工作效率。

嚴禁努力過度。

越是忙碌，越要稍微休息一下，找出可以鬆手的部分，重新調整一下工作時間表吧。

CASE 07

招來失敗

✕ 獨自反省

○ 先專注去做其他事

有些個案會因為「被失敗拖住」而煩惱。

人一旦過度執著於「工作上絕不能犯錯」，即使失敗時沒有人責備，他們內心也會無法忘卻失敗而遲遲無法振作。就算想著「不要在乎」，也無法成功轉念。

這類型人在煩惱時，容易變得對自己嚴苛，有時常不斷回想著失敗的傾向。

他們當然能理解「發生的已經發生了，再想也沒用」「此時，應該要思考如何挽救」，但總是想著失敗，並不斷責備自己「為什麼當初我會那樣做呢！」

反省過一次就該放下

我認為，遭遇失敗時，與其迎向失敗，不如及早轉換心情，比較能早點振作起來。

想想那些職業體育選手，或許比較容易理解。

比方說，足球比賽中，即使宣稱「這是絕對不能輸的一場比賽」，有時候也是得面對敗戰結果。雖然，比賽結束當下，選手們都會後悔，但是，令人感到意外的是，有很多選手都能馬上轉換心情，不讓自己身陷失敗的心情。他們即使輸了比賽，也能快速轉換心情，馬上集中精神以迎接下一場比賽。這樣的選手，通常會越來越強大。

面對失敗，我建議不要讓自己沉浸於失敗之中，只要反省一次就不再去想它。不要老是想著這次的失敗，而且也不要想著要勉強自己跨越失敗。至於轉換心情的方法，就是幫自己找到一段時間，去做自己熱愛的事。只要能養成這樣的習慣，從失敗中振作起來的時間也會變得越來越短。

至於熱愛的事則種類不拘，不論是遊戲也好，感興趣的活動也行，就是要吃甜點改變心情也無妨。

只不過，要謹慎使用酒精來試圖讓心情好轉。

如果是偶爾小酌來轉換心情倒是還好，但當喝酒並不能達到消除壓力的目的，卻依然每天大量飲酒，有可能造成上癮症，這部分要小心。

什麼時候會找不到讓心情開朗的方法？

在這些對自己嚴苛的人之中，有人是即使有心要找件熱愛的事來轉換心情，卻怎麼也找不到的。

因此，遭遇失敗而感到沮喪時，連稍微跳脫出來一下都做不到，只是一味地想著自己的失敗。有些人會因而容易沮喪，變得憂鬱。

這類型人或許在小時候，曾經被父母或老師強迫要克服自己不擅長的事，也就是過度訓練的結果。

我建議不太擅長獨自轉換心情，且無法輕鬆跟家人或朋友談心的人，請向精神科或是身心科等醫療機構求助。

當你無論如何都無法轉換心情，有可能已經出現憂鬱症狀。請放下「這是小事，不去看醫生也沒關係」的想法，去一趟相關醫療機構吧。

CASE 08

缺乏協調性

✕ 盡全力配合他人
○ 如果做出成果來，就能思考轉換工作

有些人雖然工作能力強，卻不知為何不得人緣，被同事討厭，漸漸地覺得再也待不下這個職場。

比方說，我有位擔任業務的個案，他每個月都跟客戶簽很多約，而且總是只專注於自己的工作。

即使同事前來請託他幫忙處理一些事務，他也總是一副「與我無關」的態度，只做完自己的工作後就速速下班回家。即使同事提醒他，他也會想著：「我已經做完該做的事了，而且我

不喜歡太晚回家。」完全不願意配合他人。

依據不同公司的文化，有些公司比較重視員工的工作成果，不在意員工能否與他人合作，但也有些公司很在乎員工與他人的合作關係，即使工作成果不錯，也可能因為不懂得與他人合作而獲得較差評價。

有些人會依據他人反應來調整自己的工作方式，取得人我之間的平衡。因為確實有人可以在工作上獲得好評，也能與他人適度合作的。如果能稍微做出調整，那麼留心去與他人合作也是一個方法。

然而，總是有人是不擅長於觀察他人反應而行動的。

這類型人雖然能依照規定做好自己負責的工作，卻不懂得體察他人的請託、圓融變通。具有自閉症特質的人多屬於這個類型。

若是這個類型的人，一旦太在乎要配合他人，有可能會無法發揮能力，把事情做好。

由於他們不擅長觀察他人反應，因此無法回應他人的期待幫忙處理工作。即使花費力氣觀察，也有可能搞錯狀況。甚至連同原本自己正在處理的工作，也沒辦法做好。

如此一來，本來擅長的顧不好，連想要改善的弱項也做不來。

職場原本就是專注於工作的地方。如果你把能專注於自己的工作並獲取好成果，以此來為公司做出貢獻當作目標也不錯。

試著這樣切割開來看，如果仍能悠遊於職場，就這麼去做。

如果覺得待在現在這個職場很難受，或許考慮轉換工作是個好方法。

反正世界上有各形各色的公司。

對於「自己的工作」「除此之外的工作」取得兩者間平衡的要求，每個公司各有差異。

畢竟有的公司會認為，員工只要做好分內的事，其他的事可以都不要求。所以，依照自己的狀況去尋找適合的公司也是方法之一。

日本人常說「凸出的釘子會被搥打」，我的工作場所也就只有兩根釘子，就算過於強出頭也不會被搥打。

倒不如說，我現在的工作是，越是盡量發揮，越能幫助其他人。主管理解我這一點，所以幫了我很大的忙。

若是在大公司裡不自在的人，或許轉換到像我這樣人數少的小公司，反而能專注於工作。

如果我從年輕就待在大醫院工作持續至今，我想，現在的我應該會感覺心很累。

要記得，每個人有每個人適合的職場。如果覺得與他人合作太困難，就試著去找那種不須要有人墊底的公司。

COLUMN

就算做白工也不在意的日本社會

學校的課業，是為了孩子們的學習而存在。

因此，原本所謂的授課是只要聽課的人無法理解講課的內容，就沒有意義。

然而我卻感覺到，日本學校的授課，重視的與其說是孩子們是否理解內容，倒不如說，比較在乎授課者是否按照進度進行。

老師們只要上台講課，就算是「教學完畢」，即使學生們沒有理解內容，還是會按照進度繼續上課。

另一方面，聽說有些國家認為，學生單是上課聽課，並不算是學習。比方說，以學生學力在世界居冠的芬蘭為例，他們的學生只要認為「我還不全然理解這一個學年的學習內容」時，就可以自主性地留級一年。

我認為，所謂的學習，原本就應該要按照個人的進度來進行。

那麼，究竟為何日本的授課是不理會每個孩子的理解狀況，一律逕自往下一個階段進行呢？

原因之一可能在於，日本的文化底蘊受有佛教的影響。

由於日本文化有佛教為根基，因此會認為，就算不能理解經文內容，只要多聽就有其意義。

像是我們參加喪禮時，多數參與者都不理解喪禮中所讀經文的意義，大家都不懂內容。

經文原本就不是日常用語，是用一種特別的語言來唸誦，但就算不理解其意義，大家還是默默地聆聽唸誦的經文。光是聽經這件事，人們就認為是值得感謝的。

在日本，人們認為，即使不理解經文，只要默默聽著就好。

另一方面，在基督教文化中，神父或是牧師則會以聽者能理解為主，以日常會用到的詞彙對信眾講解經典。

在教會的人們通常當場就能理解神父或牧師的說話內容，並開始思考。

對於那些原本就會把聽到的內容自行消化一次，並用自己的思考方法再想一遍的人來說，無論是在校學習或是出社會進公司的會議，他們都能充分理解內容，再用自己的想法論述。

我這麼說，並不是要評論佛教或基督教何者教義內容較好。

但是，如果是出席了像念經般「聽不懂也沒關係，只要聽就好」等的會議時，聽者就會變得被動、消極，沒有辦法養成自信。

當我們不能理解會議內容，有時候不是自己的問題，而是報告的人有問題。請試著不要過於把聽不懂當成是自己的責任，適度地請對方再說明一次讓自己明白。

CASE 09

老是惹怒他人，真令人難受

✕ 只是一味忍耐

○ 也考慮轉換工作

有些個案是，即使非常努力工作，仍不順利，老是惹怒他人。我認為，因為遭人指責次數過多，導致情緒低落的類型，通常有以下三種。

①自己工作的樣子很不像樣

第一個類型是，個案對於自己工作做得不好這件事有自覺。

因為無法按照主管指示做好工作而自覺自己很不像樣。即使遭受主管責罵也是無可奈何，因此煩惱於該如何改變自己。

②主管太過嚴格，日子難過

本人覺得自己工作成果還不錯，卻老是得不到主管的認同。時常感覺「有些事明明不須要那麼生氣」卻遭到主管責罵，因而對主管心懷不滿。

③公司要求過高

有時候，不單只是主管一人要求嚴格，是整個公司文化要求標準超高。這時候，雖然覺得自己工作做得不錯，卻不容易得到好的評價。公司的價值觀是「被罵也是應該的」，令人感覺壓力很大。

這三種類型的人，雖然都在不同的狀況中，但如果一味採取忍耐對策，遲早會死心地認為「工作就是嚴格的」「無論到哪裡工作都會很辛苦」，然後變得認為是因為自己無法適應這個社會。

為了避免發生這樣的狀況，有必要好好思考一下自己之所以惹怒主管的原因。

關鍵在於，你能不能接納自己

當感覺到①的「自己工作很不像樣」的狀況，有可能是本人的特質與工作內容不合，沒辦法把自己想做的事跟擅長的事在工作上發揮出來。

此時，可以使用之前介紹過的方法，試著找出「不做也沒關係的事」。這樣一來，或許就能好好發揮能力在對的事情上。當你找出主管之所以發怒的原因，並加以分析、接納後，就能從中思考出「不做也沒關係的事」。

但是，有時候是因為工作內容並不適合你的特質。這時候建議可以考慮轉換職場。

當感覺到②的狀況，「主管過於嚴格，感覺上班很痛苦」，有可能是你很適合這個工作內容，只是跟主管不合而已。

此時，建議等待職務異動或是轉換部門。

你可以提出職務異動申請，或是減少跟主管互動的機會，再觀察看看。

當你感覺到③的狀況「公司要求標準過高」，因為是公司文化的問題，就算花時間等待也不會改變。如果是在「被責罵也沒辦法」的環境下，思考主管發怒的理由也毫無助益。我曾有個個案是，雖然主管罵人完全不合理，但新水卻不錯。我相信，有些人會認為，雖然跟主管相處不來，但只要有相應的報酬，就可以忍耐。

然而，如果狀況根本不可能改變，開始思考轉換工作也是方法之一。

每個人可以自己決定該如何應對主管的發怒。

對於我來說，我會試著好好思考，現在正在做的工作、跟主管與同事間的關係、公司文化、薪水報酬等因素，整體來說，我是否能夠接受。

如果不論哪個部分，我都無法接受，或許應該要斷然拒絕這樣的工作方式比較好。

請各位要抱著「我不一定要黏著這家公司」的想法，好好去找一分自己能接受的工作。

當你感覺到「這分工作不適合我」，可以做的事

1 工作內容

→ 不要繼續做「不做也沒關係的事」

2 與主管或同事間的人際關係

→ 等待職務異動的時機

3 公司文化

→ 如果感覺到薪水報酬跟自己的付出不相符，也可以考慮轉換工作

CASE 10

想要辭職卻沒辦法辭職

✕「辭職不是好事，所以不要辭職」

○以「喜不喜歡這個公司或這分工作」來決定

我曾遇過一位個案，他進到一家超級要求的企業又或是黑心企業去上班，主管不但給他非比尋常的工作量，他也受到職權騷擾而越來越身心俱疲。

如果當他一感覺到「這家公司說什麼都不適合我」，就斷然辭職那倒還好，但很多時候，人們總會因為各種狀況而無法這麼做。

有些人會是因為經濟上的理由而無法任意離職，有些人則是受困於「一旦開始某件事，就應該要不放棄地持續下去」的想法。

又或許是因為覺得「前輩們都能克服困難持續工作到現在，我也應該要能做到」。而因此有這樣的煩惱：「想要辭職卻又不能辭職」。

當人際關係上並沒有遭遇太大問題，只是因為工作量遇到瓶頸，有時候人們會認為：「雖然工作起來很辛苦，但也正是因為如此，我才能得到鍛鍊並成長。」

如果本人是懷抱著「想要繼續工作」的想法，那麼即使想要辭職，也能繼續工作下去。

相對的，如果工作很辛苦，心裡卻沒有想要繼續工作下去的想法，只是一心認為辭職不好，我建議要事先要想好：「**萬一發生什麼事，我也有辭職的選項可選。**」

我覺得要特別要注意的是，用「中途放棄是不好的」「其他人也沒有辭職」等理由，而深信自己「雖然辛苦卻不能辭職」的狀況。

因為這樣一來，就會讓自己陷入勉強自己去做根本不想做的事的狀態，長此以往，有可能會讓身心狀態崩潰。

越是感到痛苦，越要不猶豫地砍掉重練

正在煩惱著要辭職的人，請先試著思考看看，**自己是不是喜歡現在工作的公司、喜不喜歡現在的工作**。

如果即使工作上有苦有樂，自己仍舊跟公司與工作合得來，那麼就不須要改變。

相反地，如果一點也感覺不到開心，那說不定就是該退場的時刻。要知道，當公司或工作跟自己很合，那麼做得越久越覺得得心應手，就應該要很喜歡那分工作才是。

然而，如果感覺到越是待在公司越是難受，那就表示這分工作跟你合不來。此時，就應該要斷然辭職，砍掉重練。有人可能會基於經濟上的考量而難以下定決心，但想想，現在斷然辭職總比勉強自己繼續待下去，最後倒下要來得好得多。

當你感覺工作起來辛苦，重要的是要能「毫不猶豫地砍掉重練」。

請試著轉換思考，**「我不一定非要黏著這家公司」「逃走也沒關係」「放棄也可以」**。

你可以脆弱

如果你從小就在大人的「只要開始了就要努力到最後」「不可以表現出你不行」的諄諄教誨中長大，你可能會對辭職滿懷罪惡感。

但是，我卻認為人應該要展現脆弱。世界上絕對沒有不能稍為脫離軌道的事。只要重新來過就好。

如果你有工作上的煩惱，已經找出「不做也沒關係的事」，而且也實踐過了，卻仍舊感到工作很辛苦時，或許可以試著思考看看：**「我不須要糾結於這分工**

作」「不一定非要在這間公司上班」。

讓我們轉換思考，讓心情更有餘裕，毫不猶豫地砍掉重練，繼續往前行吧。

第4章

日常生活中「不做也沒關係的事」

Point

學會切換開關

就算私生活有點紊亂也沒關係

這一章的主題是日常生活。

本書到目前為止，談的都是人際關係與工作方面，都是與人相關的，因此有時候非得要配合他人不可。

相對的，**私生活則基本上是在個人場域裡，是屬於自己的時間**。

在私生活中，應該是可以更大膽地找出「不做也可以的事」。

我個人是認為，私生活上，即使有些混亂也無妨。

因為，私領域就是不會有人來訪的區域，就算生活紊亂也不會造成問題。

私生活就是「把自己關機」的時間。

因此，當我們為了外出開始與人互動、去工作，就是「把自己開機」的時間，我們應該要好好地切換意識。

我常聽說，在職場上，能夠把自己打理好的人，回家後則是像是換了個人似的，不但不修邊幅、家裡還一團亂。我非常能接納這樣的狀態。

藉由這樣開機・關機的轉換，才能在認真工作之餘，在私生活中好好適度喘息，因為這樣才能取得平衡。

在私生活上，不論是時間、金錢或是身體狀況，也都得要好好管理才行，因此，各方面都充滿了「不做也沒關係的事」。

關機時也無法好好放鬆的人，請務必要好好閱讀這一個章節。

「想做的事」跟「應該做的事」之間的平衡

現在，世界上大多數人已經把「Work-Life Balance」，也就是工作與生活平衡當成常識。這當然是非常重要的，但是，有些人能在工作與生活間取得平衡，有些人則並不擅長。

我自己在思考生活的平衡時，經常會使用下頁的圖表。這是將一天的生活分成四等分：「睡眠」「照料自己」「想做的事」「該做的事」，並把各自的比例加以圖像化的結果。

圖表左邊代表的是能自由做「想做的事」的日子。大約就是指休假。圖表右邊則代表「該做的事」很多，做「想做的事」的時間很少的日子。大約就是工作忙碌的日子。

我們大多數人就是在這張圖表上左右往來生活著的。

如果不斷持續右邊這樣的日子，人就會累積壓力，此時，如果減少工作量，騰出時間來，就會往左邊移動去做「想做的事」，來消除壓力。

一般人的時間分配

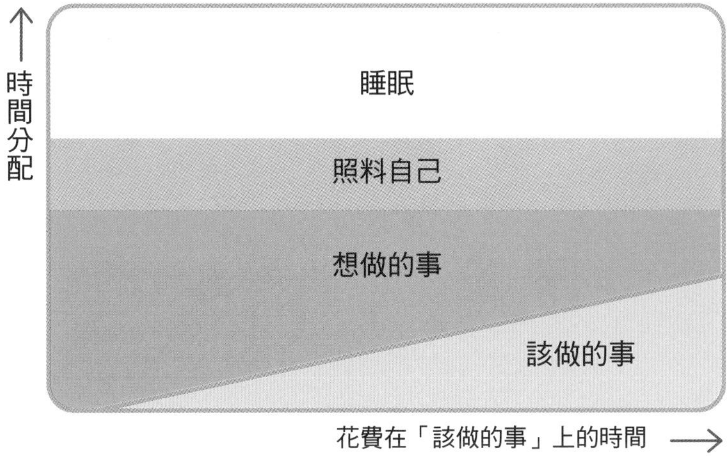

出處：拙著《懷抱著發展障礙生存困難少數派族群》
（暫譯。発達障害 生きづらさを抱える少数派の「種族」たち。SBクリエイティブ）

人們大多是因應工作量邊調整生活，留意不讓自己持續忙碌工作來取得生活的平衡。

假如能如圖般取得工作與生活平衡，開機關機的切換也能做得很好，就不須要擔心什麼了。

難以取得「工作與生活間平衡」的狀況

然而，具有發展障礙特質，難以在生活與工作取得平衡的人，有時候會出現像是下頁圖般，隨著往右邊移動，明明工作等「該做的事」增加，「想做的事」卻絲毫不減。

而且就算「想做的事」能多少減少一些，卻無法少掉很多。因為有一條停止線，到了那條線就無法再減少。下頁圖「想做的事」的中央部分的直虛線就是所謂的停止線。

一般人一旦察覺「該做的事」增加，就會懂得減少「想做的事」，但不擅長調整的人，如果遇到「該做的事」增多時，只會感覺到壓力。因為為了消解壓力，就需要做更多「想做的事」的時間。這類型人面臨到「該做的事」越來越多時，不但會壓縮到睡眠時間，也會把照料自己擺在後面，轉而專注於想做的事上。

結果就會形成如圖右邊的狀態。

具有發展障礙特質的人的時間分配

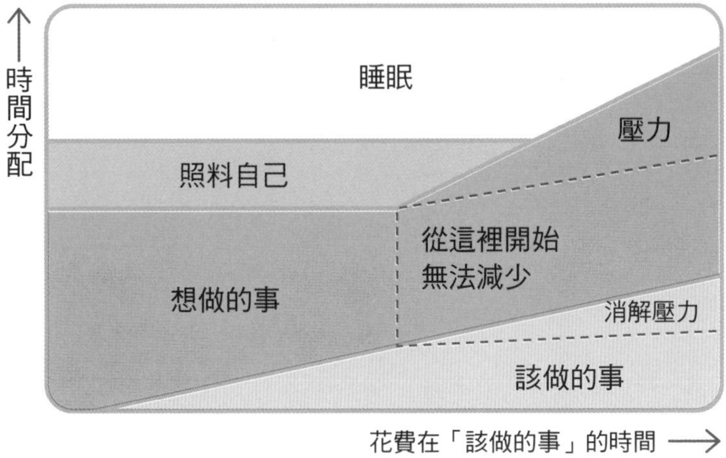

出處：拙著《懷抱著發展障礙生存困難少數派族群》
（暫譯。発達障害 生きづらさを抱える少数派の「種族」たち。SBクリエイティブ）

當我們不擅長在「工作與生活間取得平衡」，一旦工作變得忙碌，就會煩惱於工作之外運用時間的方式，到底是該拿來做感興趣的事、睡覺還是照顧自己呢？

而為了睡飽，勢必得要放棄從事感興趣的事的時間，卻又心有不甘。

「增加工作」的結果，就是導致「生活變得一團亂」，使得工作與生活都失去平衡。

思考「樂趣與責任之間的平衡」

對於無法減少「想做的事」的

人，我建議「**樂趣與責任之間的平衡**」這個思考方式。

樂趣就是有趣的事、想做的事；責任就是義務、該做的事。不是工作與生活間的平衡，而是在「想做的事」與「該做的事」之間取得平衡。

把「想做的事」的時間放在最優先，並留意不增加過多時間在睡覺、照料自己與該做的事上。

至於為什麼不是工作與生活，而是樂趣與責任呢？如果某人是把工作放在「想做的事」上，那麼工作的時間就是樂趣的時間。

無法減少「想做的事」的人，一旦因為義務感而做了過多的事，極有可能會損害心理健康。此時，比較適合在生活中採取「樂趣與責任平衡」的思考方式。

以「想做的事」為最優先

善於取得平衡的人，會先做好「該做的事」，也照顧好自己，剩餘的時間才會是閒暇時間，拿來做自己喜歡的事。

即使有時候閒暇時間過少，這類型人也能從整體來考量並加以調整。

然而，有些人就是會對「該做的事」感到很有壓力，因此每天都必須要有喘息時間不可。

比方說，苦於人際關係的人，在職場上與眾人一起工作時，總是會備感壓力，有時候工作一天就多一倍的疲累感。對這類型人來說，最不可或缺的就是要有私人時間從事自己想做的事，然後隔天才能有活力再去應對工作。此時，重要的是，要把做「想做的事」擺在最優先。

首先，就是要做「想做的事」。這類型人會盡力排除，因為增加過多「該做的事」而排擠了「想做的事」的時間，並且也會確保睡眠時間。每天也會盡力做到照顧自己。

雖然有時我們會忽略照顧自己，但記得，務必要以心理與身體健康為優先。

做不到的事直說「做不到」就好

順帶一提，我自己就是以「樂趣與責任之間的平衡」來思考生活的。

基本上我是個喜歡工作的人，所以長時間工作也會感覺到是做「想做的事」比較多，其中雖然也包括了「該做的事」這種有負擔的事。

除了工作以外，我也有「想做的事」，而且放在圖表上來看，比例是絕對不能再減少的。比方說音樂鑑賞、電影觀賞、看國外連續劇、運動比賽影片、觀賞搞笑影片等，每天必須要有二至三個小時去做這些事不可。這麼做可以讓我消除壓力、增加能量。

由於我有自覺地這麼努力維持平衡，所以當接到書籍或雜誌的撰稿邀約時，我都會事先跟對方說：「我有時候可能會無法按時交稿。」因為不論截稿時間多麼迫切，寫不出來就是寫不出來。

如果遇到「該做的事」增加時，我也不會壓縮「想做的事」的時間去應對。因此，我才會事先跟相關工作人員說聲抱歉，我只能盡我所能地應對工作。

這樣說聽起來很像是藉口，但我希望各位也能知道「做不到的事就直說做不到就好」這個觀念。

CASE 01

生活節奏亂了譜

✕ 拋棄興趣，以確保充足的睡眠時間

○ 只要工作上沒有發生阻礙，維持現狀就好

與私生活相關的煩惱，個案經常問我「生活規律崩壞了」這樣的問題。

工作做得還不錯，沒什麼問題，但是工作結束回到家後，一想到明天還要繼續上班就不甘心，於是一整個晚上就拚命地打電動，結果影響睡眠時間，隔天起床反而很痛苦。每天都是這樣過日子，生活規律崩壞了。

當生活規律不穩定，有的個案就會想「每天都睡眠不足，我不要再滑手機、打電動」試圖大幅改變生活規律，結果造成每日累積的壓力無法消除，導致產生出其他問題。

對於那些把時間過度花費在興趣上，而導致睡眠不足的人來說，一旦為了調整生活規律而停止從事自己喜愛的事，雖然生活變得穩定，卻因為沒有舒緩壓力的時間，心情反而無法開朗。這是因為他們沒有留下讓意識關機的空白。如此一來，原本在開機時所累積的壓力無法消除，結果可能影響工作狀況。一旦工作上的壓力無法消除，即使想睡也只會睜著眼、躺在床上煩惱不已，結果有可能又造成睡眠不足。

尤其是有自閉症特質的人，由於平日就容易感受到壓力，更是須要專注在熱愛的事物上。

要記得，從事感興趣的事、熱衷於熱愛的事物上的時間，是非常重要的。

如果想要補眠，不是要減少「想做的事」，而是要從「該做的事」之中，試著找出「不做也沒關係的事」，並減少做這些事的時間，以保障睡眠時間。

即使半夜不睡覺也沒關係

我經常詢問那些為了生活規律崩壞而煩惱不已的人說：「這樣是否阻礙了工作的進行呢？」

之所以這麼問，是為了向他們確認，是否因為「關機」狀態不順，而影響「開機」狀態的程度。

比方說，某人因為睡眠不足而經常遲到，這樣的情況會影響他在公司裡的評價，因此有必要調整生活規律。

另外，就算白天可能會打瞌睡，但只要不影響工作進程，就似乎不須要在意。

所謂的**「即使生活規律有些紊亂，只**

要不影響工作就好」，指的是，開機跟關機的切換還算順暢。

事實上，我自己就是過著這樣的生活。

下班後回到家，基本上都專注在做自己喜歡的事。有時候會聽音樂或是看有趣的影片直到半夜，但隔天早晨四點，我就準時起床、準備出門去上班。

這樣的生活型態，雖然睡眠時間很短，但並沒有為工作帶來影響。對我來說，可說是最輕鬆的生活型態。

我認為，只要日子過得開心，體力上沒有問題，工作也很順利，這樣就很好。

CASE 02

金錢觀念不佳

✕ 停止亂花錢

○ 以「不借錢」為底線，做好自我管理

有些個案會有「一不小心就花太多錢」的煩惱。

總是幾乎把全部的薪水都花費在興趣上，完全沒有存款。由於平常購物慾非常旺盛，所以一拿到薪水就會馬上花光。到了月底，錢花光了，連餐費都沒有了。

其實，金錢管理的問題跟生活規律管理很相似。

前面一節提到，因為生活失去規律，於是就縮減從事興趣的時間，結果之後反而衍伸出其他問題。金錢管理也是一樣的。

因為自己不擅長金錢管理，所以就忍著不買想要的東西，結果就是心情低落，有時候還因此而感到深深的壓力。

對此，雖然有個方法是「若是上網就會引發購買慾」，那就斷絕去接觸與興趣相關的資訊，這樣就能減少無謂的購物，但結果也跟前一個方法相同。

這麼做確實可以減少無謂的購物，但同時也讓更重要的心情抒發受到壓縮。類似這樣的應對方法，即使結果是成功地做到金錢管理，卻反而讓壓力越發沉重。

無論是金錢管理或是生活規律管理，兩者同樣都是要以**「不會引起大問題」**為前提來應對。

比方有一種狀況是，因為一次就把薪水花光，連帶地連飲食費與交通費也受到影響，結果必須要靠借貸度日，這樣確實會造成問題。此時，就有必要重新檢視金錢的使用方式。

另一種狀況則是，即使把薪水大半都花費在興趣上，也會把最低限度的生活費保留下來，只要不造成生活過不下去，這樣的金錢管理就還算不錯。

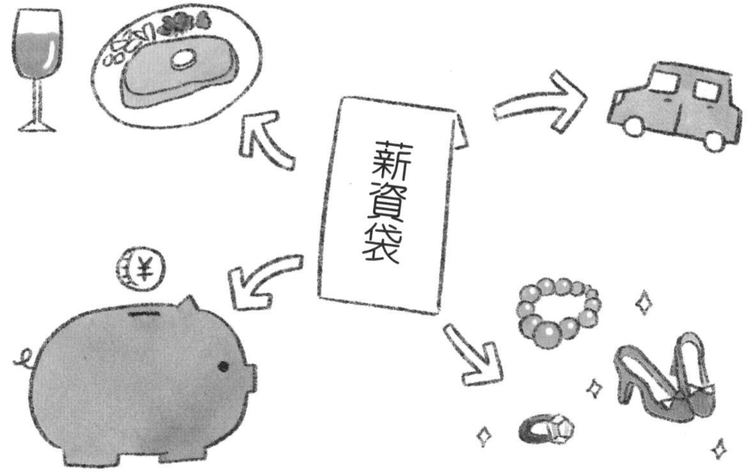

如果是薪水負擔得起，衝動購物也OK

雖然有人會衝動購物，但是會控制在自己薪水可負擔的範圍內花錢。既沒有借貸，也沒有影響工作。如此一來，即使金錢花費有些波動，但生活調節地很順暢。

「沒有借貸」這件事，是自己管理金錢時的衡量標準。

不擅長管理金錢的人之中，有些人是很難克制購物衝動，甚至不惜借款也硬是要買。

即使已經用盡了信用卡額度，還是沒辦法得到滿足，只好進一步設法借款繼續購物。這樣一來，就會養成借款習慣，讓問題變得更嚴重。

如果實在無法確實做好金錢管理，總是很容易就去借錢，請務必要跟家人、朋友商量，或前往醫療機構接受諮商。

但是，如果沒有這類擔心，就不須要太過緊張，在**「不借貸就沒問題」**的前提下，好好管理金錢也是個方法。

CASE 03

對於服裝沒有概念

× 太在意他人的意見

○ 只要維持基本的整齊清潔就沒問題

有些個案會帶著「因為沒辦法好好打扮自己，不論是服裝、髮型都不擅長打理，看起來會不會很不穩重」的煩惱前來。

這類型人沒辦法像其他人那樣，總是樂於打扮自己，只想著如果每天可以都穿同樣的服裝就好。即使如此，明明穿著自己喜歡的衣服、髮型也覺得很好，有時候卻會遭到同事們說：「你也該打扮得適合上班的樣子吧」因此煩惱著究竟什麼是符合上班的裝扮。

雖然上班時打扮整齊很重要，但是只要沒有規定一定要穿制服或是套裝，就不須要跟別人打扮得一樣。

接著，讓我們來想想看，如何貫徹自己的做法，又能藉著調整某些部分，就能讓自己的穿著打扮不會太跟別人不一樣。

本來，每個人對於穿著打扮的看法就都不相同。我是屬於不那麼在乎穿著打扮的人。我自己覺得，每天都穿一樣也沒關係，不但不在乎名牌，治裝費也都壓在最低花費。即使如此，不論是工作或是私生活，也從來沒有被人指指點點過。

我連別人是燙頭髮還是自然捲都分不清楚。不單髮型，我也不太清楚衣服的細節。就算是看了某些雜誌，對於各種場合該穿的鞋子，也不會太在意。我很能接納這樣的自己。

對於服裝打扮感興趣的人，自然會跟有相同興趣的人自成一個團體，互相分享自己的訣竅。相對的，不感興趣的人也會跟同樣的人自成一個團體，不在乎穿著打扮，而且這樣的團體還越來越壯大。

我並沒有說孰好孰不好，只是想要強調，每個人有各自的樣貌。

遵守「保持清潔」「職場規則」

雖說如此，為了各自能在各自的世界中悠游自在，我們仍必須要留意一些規則。而所謂的規則就是，「保持清潔」與「顧慮職場規則」。

比方說，頭髮幾天沒有洗、指甲過長、衣服總是皺皺的像是沒有清洗過，即使本人很開心，卻會為旁人帶來不愉快的感覺。

穿著打扮的基本原則就是——**只要保持清潔，不見得非得要美麗或帥氣**。

另外，重要的是，要考慮自己處在怎麼樣的環境中。

比方說，如果你待的是處理食物食品的職場，那麼，穿著打扮上，對於保持清潔的注意要點就會比一般職場要來得多。此時，有必要先確認職場規則以好好應對。另外，如果是從事服裝設計相關產業，有的公司會很注重員工的穿著打扮，有些公司則認為，員工每天穿同樣的服裝是不符合公司文化的。

因此，要記得事先具體確認自己所處的環境對於穿著打扮的標準，再思考如何以自己的做法來遵守該標準。

CASE 04

容易感覺身體不舒服

✕「工作第一、身體狀況次之」

○在感覺疲勞之前就休息

我有些個案的狀況是，不但目前的工作很適合自己，做得很開心，也感覺到這是自己「想做的事」，甚至也覺得自己跟公司很合。除此之外，放假的私人時間也能好好休息。然而，即使如此，卻因為體力不足，身體容易出狀況。

這類型人覺得工作很有價值，一不小心就努力過頭，結果就是變得容易感冒、老是頭痛。放假時也只是在家休息，假期一下子就過了。一旦假期結束開始工作，身體就又感到不舒服。像這樣，身體慢慢變得越來越糟的人，還真的不少。

這個世界上，有些人是無法輕易說出自己須要休息的。

因為他們總會想著：「因為這分工作是自己想做的，所以就把身體健康擺在第二位」「就算身體健康亮警訊，也要把工作做好」。

然而，**身體狀況容易變糟這件事，我認為，正是目前的工作狀況不適合自己的訊號**。如果不理會身體狀況，繼續勉強自己，總有一天健康會出問題。因此，我們應該不要太勉強自己。

每個人的體力各有不同。有些人一天工作八小時就累了，有些人長時間工作也精力滿滿。

如果覺得體力撐不住時，就轉念想「這分工作就是這樣」「還有其他人也在努力」，然後停止勉強自己。

我相信，每個人各有適合自己的工作方式。請把自己與他人分開，不做比較。然後，把「在感到疲累前，就休息也沒關係」這個習慣放在心上。

為了讓身體獲得適度休息，請事先確認好，**自己體力上能承受的工作方式，如此才能兼顧健康與工作**。

如同前面所說的，有些人一天工作八小時就會感到疲累。

如果一天八小時，一週五天的工作量，會讓你的身體狀況變糟，就要好好調整一下一天的工作時間跟一週的工作天數。

這類型人可以選擇去彈性工作制的公司或是有如責任制的「裁量勞動制」（允許員工採取自由工作方式，勞資雙方商討好每月應出勤時數）等不會被時間綁住的公司上班，但缺點是，有時候曾經在這類公司工作的經歷，會影響之後轉換跑道時的工作選擇。

如果任職的公司並不能讓員工自由選擇工作時間，請記得要適度休假以調整身體狀況。如果剛好是公司旺季，難以休假，就趁著工作空檔好好休息，放假時也要記得適度地放鬆身心。

請不要把照顧身體擺在第二位，試著找出能讓體力有餘裕的工作方式。

與其生活只有工作，不如也重視私生活

要記得，不論你有多麼熱愛工作，一定也要重視私生活。

因為如果把所有體力都用在工作上，休假時只是休息，這樣的生活是沒有餘裕的。

再加上，在這樣的狀態下，當你因為工作而感到身心緊繃，也找不到能鬆一口氣、稍微逃離的處所。

記得，請改變一下工作方式，不要只把人生奉獻給工作，也要能享受私生活的樂趣。

CASE 05

有時候會太過敏感

✕ 即使覺得怪怪的，也要忍耐

○ 要避開覺得不舒服的事物

有些個案會對於某些香味、觸感、聲音、光線過於敏感，因而容易感到身體不適。

只要穿上不適合肌膚的服裝就感到不舒服，或穿上領口周圍有標籤的上衣及打領帶時，就容易感到頭痛。但是，又必須穿著適合工作的服裝，為此感到煩惱。

有些人會把自己的過敏狀況當作是「我想太多」，而選擇忍耐。

他們即使感覺到不開心、有壓力，也還是壓抑著情緒勉強自己，因為「只要跟別人穿一樣的衣服就能安心」。

我建議，如果感覺到壓力，就要避開那些會讓你感覺應付不來的事情。

有一種狀況叫做感覺過敏，意思是當人過於在意脖子後側的衣服標籤，而造成頭痛等感覺過於敏感的狀況。

由於感覺過敏是跟本人的體質有關，所以，即使自己跟自己說不要在意，身體也還是會自動反應。因此，要做的不是忍耐，也不是多接觸就會痊癒。如果你是感覺過敏的人，即使強忍不適，結果也只是更加難受而已。

除了皮膚觸感之外，感覺過敏還有其他類型，比如說對聲音敏感、對閃光敏感、對特定的香氣或味道敏感。

另外，對於聲音或是光線的敏感，每個人狀況不同。比方說，有的人待在有空調聲音的環境中就會頭痛，有的人雖然有感覺過敏，卻對空調的聲音沒有感覺。

其實，不限於非要是「皮膚的刺刺感」或「空調聲音」，只要是對感覺敏感的人可能都算是感覺過敏。

不行就是不行

如果你有感覺過敏症狀，基本上只能盡量避免去碰觸那些感覺。

請記得**「正是因為不舒服，所以不用忍耐」**。

如果對頸後有標籤的衣服過敏，就事先就拆除掉標籤。如果實在不喜歡打領帶，要不就是打鬆一點，要不就是不要打領帶。

萬一工作上非得要打領帶不可，或許可以考慮換一分工作。

這個時候，請自行判斷一下，這分工作是不是值得忍耐的工作，或是也不太須

要勉強自己繼續待著的工作。

只不過，如果明顯對某種事物過敏，那麼不論多麼想要繼續工作下去，結果也只是越來越辛苦，甚而影響了健康。

如此一來，結果只會得不償失。請考量自己的健康狀態，仔細思考一下。

這時，或許跟主管商量一下自己的狀況，看看能否就自己難受的部分做個調整。

如果不須要打領帶，也不太須要穿著太正式的服裝就不會造成困擾，那只要避開自己過敏的事物，還是可以繼續這分工作。

不論是日常生活或是工作，請務必重視自己的感覺，用心避開讓自己不舒服的事物。

第 5 章

找出「不做也沒關係的事」，讓心情更輕盈

01

持續做「試著做做看」「變得輕鬆」

我小時候曾試著放手做做看的那些事

如果各位讀者在閱讀本書後，心裡開始有「這個方法好像可行」「來試著做做看」等想法，就等於踏出了消除生存困難的第一步。

在閱讀過程中，不斷確認自己所屬的類型，若越是理解自己，就越能找出那些「不做也沒關係的事」。

這麼持續下去，就可以開始思考自己能放手不管的事。

一旦找到「不做也沒關係的事」，就能選擇一條更像自己、更不勉強自己的生存之道。

或許有時候並不會那麼順利，但是，只要持續**「找出那些原以為應該要做的事，並試著放手」**，然後反覆試試看就好。

我自己也是經歷過許多次的失敗。

比方說國中時，我有一天突發奇想「該不會其實不刷牙根本不會有事」而開始試著停止刷牙。因為那時的我認為，刷牙是一件「不做也沒關係的事」。從那天起約一個月，我完全沒有刷牙，結果變得滿口蛀牙。

雖然回想起來，我清楚那是一次錯誤的判斷，但對當時的我來說，是真的相信那樣不會有問題。有了那樣的想法，試著去做做看，結果出來後，我自己知道那是自作自受。

不過，我雖然會因為滿口蛀牙而感到後悔，卻對於經過自己判斷，付諸實行的事感到意義非凡。因為不是被強迫要這麼做，而是自己決定要那樣做的，因此，才能理解刷牙這件事是「應該做的事」而不是「不做也沒關係的事」。

我認為，「經過自己思考的結果，並將之付諸實踐，然後從中理解」是件非常重要的事。

試著意識到去調整「理想圖」與「目標」

那些從小就聽著父母或學校老師說「你要成為這樣的人」的人，長大後很容易就會順著大人所說的話去思考。

因為這類型人會經由與父母或老師的對話中，養成重視他人的價值觀更甚於自己本身價值觀的習慣。

然而，即使你已經養成那樣的習慣也沒關係，只要重新檢視目前自己的價值觀，再放掉之前被灌輸的**「假的理想圖像」**，就能夠往更了解自己的道路前進。

如同本書目前為止所介紹的那樣，如果你開始思考**「不勉強自己思考也沒關係」「不用承擔他人的心情也沒關係」「計畫訂得鬆鬆的就好」**等，**然後調整目標，進而肯定自己的行事風格，你的價值觀就會開始慢慢轉變，你也會越來越了解自己**。

如果你的心裡有「人應該要這樣」的理想圖像，並且對於無法成為那樣的人感到自責，請務必運用這本書，試著調整目標看看。

有時候與家人或朋友商量後，就能找到解決方法

在那些容易感到生存困難的人之中，有些人是難以與他人商量自己的煩惱的。

即使回到家，也總是處於自我反省的狀態，獨自鑽牛角尖地不斷思考著：「今天那件事做得不夠好」「早知道就這麼做」「我一定又被某人討厭了」。

面對這樣的煩惱，如果能轉念想「每個人都會失敗」就沒問題，但人總是會遇到無論如何都想不開的時候。

若是發現自己總是鑽牛角尖，只會想著極負面的事時，請務必記得要跟家人、朋友或是自己信賴的人聊聊。

因為家人或朋友等親近的人，平常就與你有所接觸，對你有一定的了解。他們或許可以給你些小提點，諸如「你真的很認真耶」「換成這樣的做法會不會比較輕鬆呢」。

有時候，找個人商量反而能找到解決對策。

雖然要能立刻就解決煩惱並不那麼容易，但如果有個說話的對象，那麼建議放心地與對方談一談。

02

心情不開朗時，試著把重心擺在「心理健康」上

當睡眠或飲食不順暢，有可能是能量不足

我想，應該有些人是就算閱讀了這本書、找到可信賴的人商量，卻仍舊感到難以生存。

此時，請稍微暫停一下，先留意看看自己的「心理健康」狀態。如果發現想法總是偏負面，身體狀況也不是太好時，可以考慮是否要到醫療院所找專家諮商。

我相信有些人是即使壓力累積到身心都將要無法負荷時，也無法向他人展現自己的脆弱而持續勉強自己。而且越是認真的人，越容易陷入惡性循環中。

趁著身心尚未崩壞前，讓我們來看看察覺身心不適的幾個要點。

首先，一旦消耗身心，能量將會不足，此時無論是睡眠或是飲食狀況都會變得不好。而睡眠狀況不佳時，會出現以下的狀況：難以入眠、半夜醒來數次、早上起不來、生活規律紊亂、不管睡多久都還是感覺疲累。飲食狀況不佳時，則會出現：食慾不振、暴飲暴食、飲食規律紊亂等情況。

即使本人無法察覺到食慾的變化，但透過過瘦或是過胖狀態等的體重改變也能察覺到身體不適。

任何人只要無法睡得安穩，有可能就會沒有食慾，但是通常睡眠或是飲食狀況不佳都只是暫時狀況，終有一天會結束。可以藉由好好休養生息、出門遊玩以消解壓力等改善情況，只要身體狀況變好，就又能吃能睡了。但是，如果無論如何休養生息、試著消解壓力，仍感覺身體不適時，極有可能就是心理健康正在崩壞。

身心健康門診請找精神科醫師或心理諮商師

當感覺到身心不適，請到醫療院所諮詢，而不是找家人或朋友。

如果要前往醫療院所找心理健康專科，請找精神科或身心科。

察覺身心不適時的注意要點

睡眠

遲遲無法入睡／半夜醒來數次／
早上起不來／生活規律紊亂／
不管睡多久仍感到疲累

飲食

食慾不振／暴飲暴食／飲食規律紊亂
／過瘦／過胖

心情不安

老覺得心裡不安，不知如何是好／
始終無法放鬆心情

不適感一直持續時就要注意！

如果休養生息、出門遊玩都無法恢復身體狀態，請到醫療院所接受診療。

睡眠或飲食狀況若持續不佳，有時候可能是憂鬱症等精神疾病的發作。此時，只要前往醫療院所接受診治，就有可能回復原本狀態。一旦感到身心不適時，請盡早接受診療。

請也要留意自己「持續無法消解的不安狀態」。

任何人都有可能陷於不安，若是感覺到「心情無法放鬆」等持續感到不安時，可能是罹患了焦慮症等精神疾病。

如果休息或遊玩也無法解除心裡的不安，建議盡早前往醫療院所接受診療。

03

感覺「生存困難」的原因有時候可能起因於精神疾病

一直覺得辛苦，請及早前往醫療診所就診

有時候，當某人人際關係或工作不順，自覺「生存困難」卻難以消除這樣的感覺，原因可能來自於憂鬱症或焦慮症等精神疾病。

當生存困難與精神疾病的症狀有關，是難以靠自己的努力來消除煩惱的，重要的是要接受醫療資源的協助。

如果運用本書能讓人變得輕鬆一些，就請繼續活用本書的方法。若是試著運用本書或是與家人朋友商量之後仍無法感到輕鬆，如同我前面提到的，不要勉強自己，請前往心理健康的專家那裡接受諮商。

本書中提到了關於發展障礙、憂鬱症或是焦慮症等精神醫學相關的專有名詞，我在這裡整理了名詞解釋，請參考。

當人在人際關係或工作上感到生存困難，有可能與以下的精神疾病相關。

憂鬱症：經常對事物興趣缺缺或想法悲觀的症狀。有時候病人也會變得沒有自信或專注力低落。睡眠或飲食不順也是常見的特徵。有時候憂鬱症的病人會自己嘗試各種解決對策，卻不見效果，因而開始責怪自己，甚至情緒低落。

焦慮症：總是擔心不停，整個人也顯得非常緊張。尤其是經歷高度壓力的人，要對未來抱持希望並不容易，有時候焦慮狀況可能慢性化，變成焦慮症的狀態。

發展障礙：如同我在第1章中解說的，自閉症類群障礙（ASD）或注意力不足過動症（ADHD）、學習障礙（LD）等，依據各種特質的不同，會造成生活上出現障礙的狀態。

有時候，因為具有發展障礙的特質，而難以排解人際關係或工作上的生存困難感，因而轉變成憂鬱症或焦慮症發病的狀態。

此時，要把這樣的狀態當成是發展障礙所帶來的二次障礙，處理時要同時應對發展障礙與二次障礙。

人格障礙：說到人格，或許大家會先想到個性，但這裡所說的人格是指，人的思想、情感、行為、人際關係等各種面向。

通常是某人看待事物的視角與情緒、行為或是人際關係，與大多數人不同，不僅本人感到痛苦，也為他人帶來困擾，經專業人員診斷後獲得的結果。

人格障礙分成經常在情緒或人際關係上不穩定，與他人互動總是產生問題的「邊緣型人格障礙」；常常失去自信、須要他人經常讚美否則就意難平的「自戀型人格障礙」；以及任何事物都要按照自己的想法去做才行的「強迫型人格障礙」等。

當有這類的精神疾病或障礙並造成生活困難，就必須要接受醫療資源的協助。我在這裡只做了簡單的解說，即使症狀跟我所描述的很類似，也不見得就是精神疾病。

然而，當你符合我這裡所說的特徵，又為此感到生存困難，請去醫療院所接受診療。

感覺到生存困難的人之中，有些人會出現想起過去令人厭惡記憶的「閃現症狀」，或對他人出現「被害妄想症念頭」的狀況。

這些狀況都需要醫療介入。當你感到這類痛苦狀況持續出現，請務必考慮接受診療。

04

「敏感的人」與「生存困難」

具有發展障礙特質的人，有可能是過於敏感的人

在人際關係或工作上感覺到「生存困難」的人之中，有人是個性敏感、對許多事都很在意，因而感到心情疲累。

最近，有人將這類型人以**「過度敏感的人」**「HSP**高敏感人士（Highly Sensitive Person）**」稱之。

高敏感人士與前面所介紹的精神疾病不同，是基於一部分心理學者所提倡的獨立想法，意思是指，世界上有非常敏感的人存在。

高敏感人士並不來自於診斷概念，因此醫療院所並不會做出「你是高敏感人士」的診斷結果。一般來說，如果這類型人前往醫療院所接受診斷，大多都會獲得憂鬱症或是焦慮症的診斷結果。

另外，發展障礙之一的「自閉症類群障礙」也出現在人們所說的「過於敏感的人」的共同特徵中。

比方說，我在第1章曾提到的從事銷售工作的F的案例。

F明明不想做，卻因為他人請託而勉強自己去完成工作。因為F擔心，「萬一拒絕，會被他人討厭」，結果造成他把時間都花在做他人請託的工作上，反而顧不到自己的工作。

不擅長隨機應變、具有自閉症類群障礙特質的人，會如同F一樣抱持著「正因為不擅長，所以只好努力配合他人」的想法。明明不擅長顧慮他人，卻勉強自己要盡全力配合他人，時刻察看他人臉色行事。

如果你是過度在意他人反應而感到困擾的人，請試著思考看看：**「自己是否過於努力在不擅長的事情上」**。

當你發現自己的發展障礙特質，請把這些特質放在心上，試著選擇「不做也沒關係的事」，難受的部分就會漸漸消除。

如果發現自己「太過在意他人」，就找人聊聊

雖然自己能察覺「在乎他人反應／不在乎他人反應」，但想要改變卻不是簡單的事。即使心裡明白要調整，實際卻做不到。有時候，即使提醒自己不要在意，卻無論如何都做不到。如果你有這類煩惱，請務必找個能跟你聊的人談談。

當你過於在乎他人心情而感到困擾，那些會跟你說「不須要那麼在意他人也沒問題」的人就是值得信賴的商量對象。

即使是過於在乎他人的人，一旦能跟自己信賴的人聊聊，就能稍微跳脫那樣的心情，以更寬廣的視野來看待事情。

若是身邊沒有能商量的人，我建議可以求助於心理諮商師或是醫療院所。重要的是，不要一個人獨自煩惱。

05

每個人的生存方式天差地別

該怎麼做才能不受他人評價影響，自在地生活

任何人都會有某種程度地在意他人眼光，然而，如果光只是在乎他人眼光地活著，那麼理所當然會有窒息感。

因為重要的是，**「自己對自己如何評價」**，而不是他人如何評價你。

每個人都有自己的樣貌，當然也有各自適合的生活模式。如此一來，每個人當然就有自己想要達成的人生目標。

自己想要做的事。自己想要成為的樣子。自己是如何評價自己的呢？為了不受他人評價所左右，擁有自己「獨自的眼光」是非常重要的。

關於擁有自己獨自的眼光這件事時，有個訣竅是參考搞笑藝人或是音樂家。

搞笑藝人中，有的人希望自己能一出道就很快爆紅，表演的段子能受到超過一萬人歡迎，有的人則只希望專注於自己想做的事就好。

希望自己爆紅的人，會在意自己是不是受歡迎，也就是重視他人眼光的族群。

另一方面，沒有那麼重視人氣的人，一心只追求自己想要表現的事，想出來的段子也總是很有個性。與其說他人眼光，他們更專注於自己的看法，想要做自己覺得有趣的事。

這樣的樂趣，懂得的人就能理解。因為他們相信，只要追求自己感興趣的領域，粉絲自然會越來越多。

音樂家也相同。有人參考目前的流行曲風，不斷寫出似乎能暢銷的樂曲，有的人則完全不顧世界上的流行，只專注於自己想要創作的樂曲上。如果音樂經紀公司的經營方針是要「受到萬人歡迎」，他們就會為了要專注於自己想創作的樂曲而離開公司獨立創業。

另外，不管是搞笑還是音樂，也有一種人的目標是大受歡迎到一定程度，能確保自己的地位後，轉向做自己想做的事。

可以參考這樣的例子，思考自己是以「受歡迎」為目標，還是「走自己的道路」，或許可以從中發現比較在意「他人的眼光」還是「自己的眼光」。

該怎麼做才能持續去做自己想做的事

我自己最近很欣賞某個搞笑藝人。

他是漫才與短劇的搞笑藝人。我很喜歡他表演的段子，每天回家都在看他的影片，看著影片，我就感覺到「他是個非常有個性的人」。

雖然我個人很喜歡他，但由於他表演的段子內容很特別，所以有時候我會想：「說不定他會受到萬人歡迎」。

當然，我也會好奇地想，其他職業說不定也是同樣模式。

意思是，有些人始終忠於自己一直想做的事，有些人則在意他人評價而改變想走的路。當我們站在人生的十字路口，為了取得他人認同，有的人就會選擇遠離自己本意的那一條路。

我相信，無論是誰，都有「自己想做的事」跟「他人要求自己去做的事」。其中有的人這兩項是一致的，我猜，或許這兩項不一致的人是較少的那一邊。

多數情況下，人們會在這兩者中取得平衡地生活著。他們不是搞笑藝人或音樂家，而是上班族、老師、家庭主婦與學生。

比方說，學校老師有可能明明想要一直當班導師，卻被要求要擔任學務長或校長等管理職，並為此而感到煩惱。

這也算是一種人生的十字路口。人的煩惱真的是形形色色。

當你為了要從這兩個選項選出一個而感到煩惱，請記得，重要的是，找出自己內在那個「我想要這個」的點。

活出只屬於你的人生

人生沒有標準答案。

有些人一生能貫徹自己想做的事而得到幸福，有些人則會因為能得到多數人的認同而感到喜悅。

有些人在公司上班，雖然一開始重視他人評價，但工作能力逐漸能獨當一面之後，漸漸地就開始有個人特色。

一般公司裡，或許有不少這樣的人。但是，像我這樣，在小小公司裡認真做自己也是一種生活模式。

總之，人生有許多道路可以選擇。

雖然感到生存困難，卻一邊努力到了現在的人，請務必活用本書，試看看有沒有其他道路可以走。

請重視自己的眼光，為自己找出再輕鬆一點的做事方法與生活方式吧。

後記

本書就「不做也沒關係的事」介紹了許多概念，但我想其中應該也有讀來「跟我的情況不吻合」的部分。

本書並不須要照本宣科地使用，而是找出你特別有感、覺得有參考價值的部分，試著做做看就好。

人的能量有其極限。在有限資源裡，請試著重新找出真心想要做的事、做了比較好的事、捨棄也沒關係的事。

要好好地找出在自己能力範圍內做得到的事來。

我認為，只要緩和內心那股「非得做什麼不可」「也得要兼顧那個」的義務感，身體自然就會開始行動，有時候會產生勢如破竹的氣勢。

會奮起行動、大膽言說。這一切都是因為源自內心想要做的事。

當心有餘裕，玩心自然湧現。

光只是以「想要這麼做」的心情，順著直覺做事，並且獲得不錯成果時，人就會越來越有信心。此時，那件事就會成為你「想要做的事」，並且成為屬於你自己風格的做法與目標。

有些人一聽到「找出『不做也沒關係的事』並試著放手」，會以為是要避開那些本來就該做的事、專找輕鬆的事情做，是一種逃避。

然而，我要說，捨棄「不做也沒關係的事」並不是逃避的做法。

雖然看起來像是變得輕鬆，事實上是只留下那些「你真正想要做的事」，這樣一來反而能專心尋找適合自己的生存方式。

其實是捨棄不要的，只留下對自己來說重要的。只在有限的時間內盡力達成自己想要的結果。

如此一來，有時候，你就會瞥見自己想要的生存方式。

只要朝著那樣的方向前進，自然就會轉為攻擊態勢，積極應對。逃避或是攻擊，其實只是一體兩面。

世界上，有人是以「攻擊態勢」去做「想做的事」，我認為他們是具有玩心的人。他們不被「非得這麼做」的義務感所綑綁，而能順著直覺做出最好的表現。

採取攻擊態勢的人，基本上並不悲壯。所謂決定「不做也沒關係的事」而讓生活變得輕鬆，指的就是這件事。

希望各位能透過這本書，讓心生出餘裕，好好享受自己真正「想做的事」。

不做也沒關係。逃避也可以。只要做「想做的事」就好。

請珍惜自己，專注在那些「想做的事」上吧。

精神科醫師・醫學博士　本田秀夫

Note

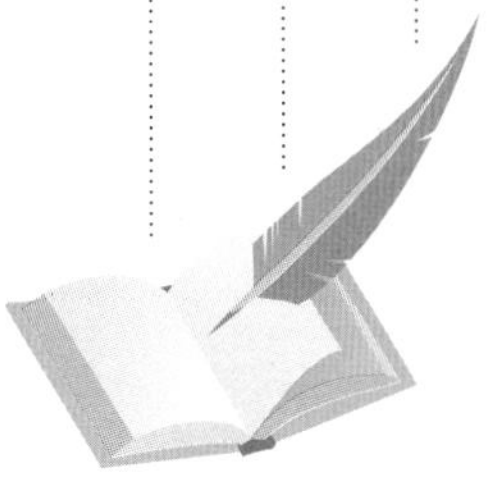

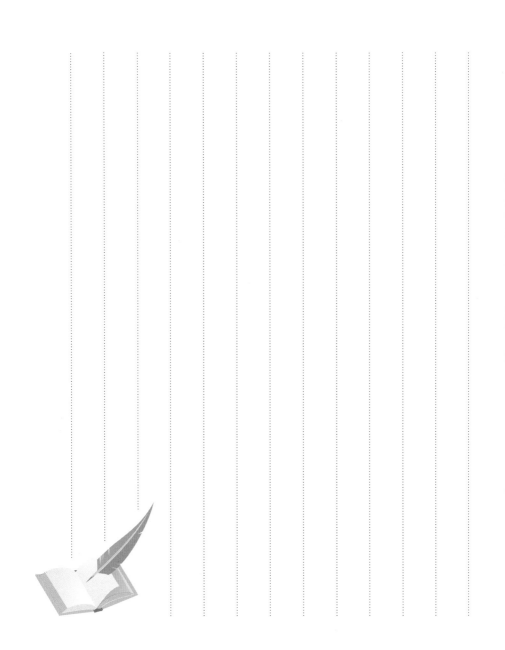

國家圖書館出版品預行編目資料

你以為的應該,其實都大可不必:停止「再加把勁」,突破生存困境/本田秀夫作;簡毓棻譯. -- 初版. -- 新北市:世茂出版有限公司, 2023.01
面; 公分. -- (心靈叢書; 10)
ISBN 978-626-7172-10-0(平裝)

1. CST:心理衛生 2. CST:自我肯定

172.9 111018169

心靈叢書10

你以為的應該，其實都大可不必：停止「再加把勁」，突破生存困境

作　　者／本田秀夫
譯　　者／簡毓棻
主　　編／楊鈺儀
責任編輯／陳怡君
封面製作／林芷伊
出 版 者／世茂出版有限公司
地　　址／(231)新北市新店區民生路19號5樓
電　　話／(02)2218-3277
傳　　真／(02)2218-3239（訂書專線） 單次郵購總金額未滿500元（含），請加80元掛號費
劃撥帳號／19911841
戶　　名／世茂出版有限公司
世茂網站／www.coolbooks.com.tw
排版製版／辰皓國際出版製作有限公司
印　　刷／傳興彩色印刷有限公司
初版一刷／2023年1月

ＩＳＢＮ／978-626-7172-10-0
定　　價／350元